商学院学不到的66个财务真相

田茂永◎著

机械工业出版社
China Machine Press

图书在版编目（CIP）数据

商学院学不到的66个财务真相 / 田茂永著． -- 北京：机械工业出版社，2021.6
（2024.6重印）
ISBN 978-7-111-68421-3

I.①商… II.①田… III.①企业管理 - 财务管理 IV.①F275

中国版本图书馆CIP数据核字（2021）第106845号

《商学院学不到的66个财务真相》作者田茂永是《首席财务官》杂志的创始人，并长期担任出版人兼总编。本书是他十几年来研究财务和会计、访谈众多财务总监后的感悟与心得。在本书中，你既能看到基本的财务和会计常识，又能窥看财务总监们在实际工作中面临的挑战和应对举措。

财务和会计，你能分清吗？财务和业务是什么关系？财务高手是如何驾驭预算、内控、资金管理、财务分析、资本和运营的？你可知道，财务领域还存在很多财务暗黑空间？赶快阅读本书吧，它不仅有你想要的答案，而且超乎你的想象。

商学院学不到的66个财务真相

出版发行：	机械工业出版社（北京市西城区百万庄大街22号　邮政编码：100037）			
责任编辑：	石美华　刘新艳	责任校对：	殷　虹	
印　　刷：	北京机工印刷厂有限公司	版　　次：	2024年6月第1版第4次印刷	
开　　本：	170mm×230mm　1/16	印　　张：	13.25	
书　　号：	ISBN 978-7-111-68421-3	定　　价：	59.00元	

客服电话：（010）88361066　68326294

版权所有·侵权必究
封底无防伪标均为盗版

| 序言 |

也许你干了一辈子财务,却从未想过什么是财务真相

假如时光倒流20年,我绝对不会相信,自己这辈子将会在财务这么枯燥的领域,和它发生如此漫长的纠缠。

我在进入媒体之前,曾一路经历了国企、外企、民企、上市公司等各种所有制公司,从事过研发、生产、营销、品保、人事、市场等不同职能线的工作,大体来说,干得都还不错。但有两条职能线我基本上是不碰的,一个是法务,另一个是财务。因为在我看来,这两条职能线都是专业线,外行很难切入进去,更遑论干出名堂了。

此刻,在百度中键入"非财务人员的财务管理",有超过3000万个搜索结果——因为这是一门已经热销了20年的经典培训课程,

业内称之为"非财"。瞧瞧看，财务多神秘啊！不仅它的工作结果（财报）你看不懂，而且你需要上专门的课程才可能和财务人员对话。不过，我很遗憾地告诉你，以我对这门课程的培训效果的了解来看，即使你认真、努力地学完了，在日常工作中，你大概率还是对财务一无所知。

很神奇是不是？还有更神奇的。

我在2005年年初创立《首席财务官》杂志的时候，出于完全不懂会计的深深忧虑，费尽周折邀请了当时国内会计领域主管部门的一位领导做顾问，而且还邀请了众多学界的会计名家担任杂志的专栏作家。此外，我还经常与业内很活跃的一些学者进行交流，生怕自己搞出外行的笑话来。直到有一天，我办了一个聚会，在座的除了我之外都是在会计领域成果颇丰的中青年学者，我当时问了一个自认为非常"小白"的问题："联想收购IBM个人电脑业务花了12.5亿美元，而眼看着人民币就要升值了，从纯财务数字上考虑，如果收购产生的利润增加，不及单纯的人民币升值带来的汇兑损益，这笔账该怎么算？"我得到的答案让我惊掉了下巴："我们都是搞会计研究的，你这个问题属于财务问题，我们回答不了。"

什么？会计和财务难道不是一回事儿吗？

那一瞬间我第一次明白，原来财务和会计之间有着天壤之别，于是我茅塞顿开，摒弃之前所有的思路，以企业案例采访为驱动，从管理实践的视角出发，打造出《首席财务官》这本杂志。我对采编团队的要求是，用不着绞尽脑汁四处找选题，唯一的任务是采访到首席财务官（CFO），什么都比不上鲜活生动的实战案例。

在我看来，会计和财务之间最大的区别，是两者的出发点截然不同。后者始终要保持经营者的视角，如今国内逐渐兴起的管理会计浪潮，简而言之，就是要发挥财务的管理者角色。作为全球管理大师中罕见的财务大师，罗伯特·卡普兰一直非常警惕陈旧的会计作业体系与企业经营现实之间日益扩大的鸿沟。早在1987年，卡普兰与另一位美国学者H.托马斯·约翰逊合著了《管理会计兴衰史：相关性的遗失》一书，在一开篇就给出了这样一个振聋发聩的论断："如今的管理会计信息受企业财务报告系统程序和周期的驱动，提供得太晚、太不具体，已经扭曲得与管理者的计划和控制决策完全不相关了。"

在主编《首席财务官》杂志的这十几年里，卡普兰的《高级管理会计》（"三友会计名著译丛"）一直让我受益良多。说来有趣，在过去的20年里，我七七八八读过两三百本经管类著作，但其中只读过这一本1999年8月首版首印、出品于东北财经大学出版社的财务著作。说实话，书里的内容我早就忘得差不多了，但让我记忆犹新的是，书中出现频率远高于"会计"二字的那个词——"实践"。

所以，如果你鼓足勇气打开本书，想要探寻那些被一层层会计科目的火山灰深深掩埋到如今，隐秘如庞贝古城般的财务真相，只需要记住一个"元法则"——所有财务问题都归因于业务问题，而所有业务问题都归因于管理问题，而所有管理问题都是鲜活的、充满实践性的且具有高度不确定性。

| 目录 |

序言　也许你干了一辈子财务，却从未想过什么是财务真相

第 1 章　财务和会计，你能分清吗 /1

真相 1　从会稽到会计，到底丢了什么　/1

真相 2　会计是标准答案，财务是次优选择　/4

真相 3　会计是形式，财务是实质　/6

真相 4　会计是精确的，财务是正确的　/9

真相 5　会计是过去完成时，财务是现在将来时　/11

真相 6　《会计刺客》里的会计师形象是真的吗　/13

真相 7　会计是给外部人看的，财务是给内部人干的　/15

真相 8　会计是造积木的，财务是搭积木的　/18

真相 9　会计是结果，财务是过程　/20

真相 10　会计决定底线，财务决定上限　/ 23

真相 11　当会计报表成了配料表　/ 26

第 2 章　财务和业务是什么关系　/ 29

真相 12　当你们谈论财务时，你们在谈些什么　/ 29

真相 13　"神仙老虎狗"，财务的三种命运并不在自己手中　/ 32

真相 14　为什么财务部不能"三个月换个面貌"　/ 35

真相 15　什么样的财务总监值百万年薪　/ 38

真相 16　业务的难点即财务的甜点　/ 41

真相 17　业务是一匹野马，财务是家里的草原　/ 44

真相 18　听说过顺向决策风险吗　/ 47

真相 19　穷养销售，富养财务　/ 49

真相 20　在木桶理论中，财务是哪一块板　/ 52

真相 21　顺境看销售，逆境看财务　/ 54

真相 22　破解日企财务密码："财务水平很一般"和"管理报表很贴身"　/ 57

第 3 章　财务高手养成初级阶段　/ 60

真相 23　老板不关心预算？其实心里门儿清　/ 60

真相 24　好的预算就是一张全景式战略地图　/ 62

真相 25　其实预算表里的每个数字都是心理学问题　/ 66

真相 26　10 分钟 vs. 1 小时，命运最爱惩罚偷懒的人　/ 69

真相 27　找到"消失的第一枪"就是内控的 KPI　/ 73

真相 28　"打碎蛋壳"看清运营数据里的断点　/ 76

真相 29　从任正非的发飙看内控的季节性　/ 79

真相 30　2018 年重庆高考作文题，考的是财务吗　/ 82

真相 31　激情可以 all in，但资金需要"斗一守二"　/ 85

真相 32　保本就意味着资金的安全性吗　/ 87

真相 33　德州扑克中的四条财务至理名言　/ 91

真相 34　始终假设你刚拿到的融资是最后一笔融资　/ 96

第 4 章　财务高手养成高级阶段　/ 101

真相 35　给你一分钟，给老板讲明白三张表　/ 101

真相 36　警惕合同的风险敞口！一笔好生意是怎么赔掉 6000 万元的　/ 106

真相 37　为什么中海油没你想的那么关心汇率变化　/ 108

真相 38　警惕财务报表里的那些"褒义词"　/ 111

真相 39　费控大多时候是龙套，战略成本才是角儿　/ 113

真相 40　听说你的管理会计是和会计学教授学的　/ 116

真相 41　论做运营分析报告的专业范儿　/ 118

真相 42　如果福尔摩斯搞管理会计的话…… / 121

真相 43　正前方 8 公里，直觉的代价你输不起 / 124

真相 44　一桩 10 倍 PB 收购案买家竟然惊呼"太值了" / 126

真相 45　一个神奇的整合"时间公式" / 129

真相 46　巴菲特看报表的门道在哪里 / 131

真相 47　11:19！阿里巴巴高薪急聘的财务高手竟然是这样的 / 134

真相 48　财务的假设里从来就没有什么岁月静好 / 141

真相 49　都江堰是一个完美的"财务案例" / 144

真相 50　精益财务最管用的六字方法论 / 147

第 5 章　那些脑洞大开的财务暗黑空间 / 150

真相 51　"现金为王"的下半句你恐怕不知道 / 150

真相 52　投资退出有哪些不为人知的套路 / 153

真相 53　"A 计划"发财，"B 计划"救命 / 156

真相 54　命运塔罗牌：估值的门道大头在表外 / 160

真相 55　内向就一定是财务人的缺点吗 / 164

真相 56　商誉这道送命题，看巴菲特是怎么解的 / 167

真相 57　从梅西的食谱看绩效管理 / 170

真相 58　时间分配决定了财务的段位 / 172

真相 59　为什么节税不参照创利标准进行奖励　/ 175

真相 60　沙钢或许发现了成功率最高的二代接班
模式　/ 177

真相 61　创业者只有一发子弹　/ 180

真相 62　从哪三个节气可以判断出一家公司春天的
到来　/ 183

真相 63　残酷的"马纬度"里"保马"还是"保船"　/ 186

真相 64　为什么说好公司的财务格局都是事先设计
出来的　/ 189

真相 65　没有应收账款的公司什么样　/ 192

真相 66　透视芒格的最新忠告：每家公司都是能力
有限公司　/ 195

| 第 1 章 |

财务和会计,你能分清吗

真相 1　从会稽到会计,到底丢了什么

从各行各业有记录的祖师爷出身来看,会计或许拥有着360行中最显赫的祖师爷,它的头号祖师爷可是开创华夏文明纪元的大禹。司马迁在《史记·夏本纪》中用寥寥几笔记载了当时通行的说法:"或言禹会诸侯江南,计功而崩,因葬焉,命曰会稽。会稽者,会计也。"这也成为2018年世界会计论坛在绍兴举办的直接原因。

但司马迁在这里留了一个小小的悬案。"会稽者，会计也"这样一个解释性说明，如今读来，如果不加以思辨，反而容易把"会计"的真实起源搞错了。

首先，"会"和"计"在自古以来的财务作业场景中各自有清晰的解读。我们先看一下这方面的文字记载。比《史记》更早的《周礼·天官·司会》中说道："以岁会考岁成。"唐代白居易的《奉天县令崔鄯可仓部员外郎判度支案制》中说道："况地官之属，有堆案盈几之文，有月计岁会之课。"《宋史·食货志下一》中说道："方今内外财用，月计岁会，所入不足给所出。"从这个角度而言，"月计岁会"这一存在了上千年的行业成语，早就把通用至今的"会、计"二字分别阐释得清清楚楚，我们可以直观地将其理解为年报与月报。

其次，夏禹在会稽山（当时尚称茅山）会八百诸侯要做什么？会者，聚也，指的是诸侯会盟；稽者，计也，稽考之谓。套用当下的场景就是，老板召集分公司总经理进行述职和绩效考核。此外，还有学者考证，这次会盟还确定了大禹合九州后的统一税制，而税制恰恰是一个政权最直接的财政基础。

所以，此会稽非彼会计，不是夏禹把八百诸侯召集在一起做月报和年报。因此，我始终认为，夏禹的"会稽"，本义更符合现代公司治理结构中期望财务体系所完成的角色，即不能做绩效考核的财务角色只完成了本职工作的50%。

2018年8月，我受邀参加"第二十四届世界哲学大会·儒商论域"的研讨环节，曾专门就"会稽"一词的演变做了相应的演讲。在我看来，所谓会，即汇总计算，其核心在于关注商业价值的量；稽则是考核与风控，其核心在于关注商业价值的质。"有会无稽"使得一直以来中国的商业文明在一定程度上呈现出过度逐利的状态，也使得商人的形象在儒学伦理视角下极为"不入流"，所以只有两者平衡较好的才有资格被冠之以"儒商"的雅号。

儒家的大成至圣先师孔子，则是会计行业当之无愧的二号祖师爷。《孟子·万章下》记载了孔子从事会计工作留下的唯一一句断语，"孔子尝为委吏矣，曰：'会计当而已矣'"。在我看来，高度概括的这一个"当"字，即孔子眼中的商业伦理，赋予了会计这一角色多重含义：

（1）正当，即合规，这是来自社会层面的要求。

（2）恰当，即准确，这是来自公司层面的要求。

（3）稳当，即操守，这是来自个人层面的要求。

子曰，名不正则言不顺。当我们将"会计"一词的本义，以及它所关联的商业伦理，从起源处钩沉、归正之后，就会发现，从商业常识的角度来看，会计早已在谬误的道路上越走越远。

真相 2　会计是标准答案，财务是次优选择

相信很多朋友与单位的财务部门打过交道，在很多人自然而然形成的印象里，财务人员往往都是刻板的、不知变通的。对于被公司法、会计法、税法、审计法、会计准则和会计制度等各类规则"笼罩"着的这 2000 多万会计从业者，大体而言，如上的印象是比较准确的。

在理想的会计世界里，每一个业务场景都应该匹配一个标准答案。这有点像玩 20 世纪 90 年代初盛行的"俄罗斯方块"，理想的情况是出现的全是整齐划一的、方方正正的方块，而不要出现异形，每一局俄罗斯方块游戏的终结，都是因为堆积了过多来不及处理的"非标准答案"。

造成这种固化思维的，除了外部强大的规制力外，国内标准答案式的教育模式所带来的负面效应也不容忽视。说来有趣，会计领域的很多执业（或职业）证书，无论是国内的还是国外的，大多都是在校期间可以考取的。我们再想想卡普兰那句"会计是一门实践性很强的学科"，这两者之间是不是有相当程度的逻辑错乱？以这类证书中含金量最高的 CPA 为例，国内刚开始组织 CPA 考试的时候要求报考者有 2 年以上的工作经验，可惜这一规定后来无疾而终。如果单纯从专业人才储备的角度来看，在校生

考 CPA 也无妨，但应该将 CPA 做一定的资格分级，比如，刚考下来的"小白"级，执业 5 年以上的"实战级"，执业 10 年以上的"黑带级"，这样对整个行业高端人才的价值也是一种认可和保障。

长期标准答案式教育造成的一个后果是，正确而无用的思维模式。中国神华前 CFO 张克慧曾对我说过，他们每年招聘的名校的会计专业硕士毕业生，都要下到基层去锻炼起码一年的时间，"这一年的时间主要是让他们把在学校学到的知识和实际业务场景做一个关联，否则这些知识没办法用"。

对抗标准答案式教育模式最好的原则就是——"方法比答案更重要"。著名经济学家格里高利·曼昆在他那本颠覆了萨缪尔森通行 30 年的《经济学原理》教材中，有一句非常犀利的名言："科学的本质是科学方法——冷静地建立并检验有关世界如何运行的各种理论，这种方法适用于研究一国经济，就像适用于研究地心引力或生物进化一样。"

从会计的视角来看，每一个业务场景最好都能对应一个理想假设下的标准答案，而从财务的视角来看，现实的业务运营更适合采用"次优选择"的方法论。

次优理论的基本思想是基于完全竞争假说下的帕累托最优理论失灵而产生的。英国经济学家米德（J. E. Meade）曾用"未知山脉的峰顶"来阐释这一理论。设想一个人想登上群山的最高点，在朝着最高点行进的途中，他将不得不先爬上一些较低的山峰，然后下山，再上山，如此往复多次。但在最优理论视角下，为了到达最高点，这个人应该始终向山上爬，显然后者完全处于不可能实现的理想化状态。

财务管理者在现实的业务场景中，需要时刻面对"未知山脉的峰顶"，业务的波动起伏宛如登顶途中无法回避的上上下下，无论是商业模式设计中的美好愿景，还是现实竞争伙伴中的KPI对标，"一口气吃成个胖子"显然是不现实的，往往要采用更现实的"逐步逼近法"，在这一过程中往往需要做无数次的"次优解"推演。

真相3 会计是形式，财务是实质

如果在百度中键入"会计学科属性"，会显示有350多万个搜索结果，甚至最早的搜索结果来自20世纪80年代。虽然这里面充斥着许多重复的搜索结果，但无碍于"这一问题迄今未得出业内一致性结论"的事实。

对会计和财务完全外行的人估计很难理解为什么像会计是"自然科学"还是"社会科学"这么基本的问题，竟然讨论了几十年也讨论不清楚。从我个人的观察结果来看，不妨换一个学科归属语境来讨论这个问题，即形式科学与作用科学。就规则与逻辑的强烈形式感来看，会计颇有几分形式科学（即逻辑和先验方法的科学）的意思，而形式科学的内容和有效性往往与任何经验的过程无关。形式科学的对立面是作用科学，作用科学与形式科学研究问题的过程相反。形式科学是公理和定义在先，而研究的结果在后；作用科学则是通过对客观世界的各种现象产生的各种作用进行总结归纳，进而得出公理和定义。如果说会计带有强烈的形式科学意味的话，财务则处处是典型的作用科学场景。

换句通俗易懂的话，会计的关注点在形式，而财务的关注点在实质。

当然，这样的"先天缺陷"，在现实的世界里也被尝试着做了一定程度的"拯救"。别忘了，在如此森严的规则丛林里，还悄悄绽放着一朵名曰"实质重于形式"的、与周边景色格格不入的白莲花。这朵白莲花的存在，恰恰是为了对冲"标准答案"在普适性上的巨大缺陷。

按照会计学教材上的标准说法，实质重于形式原则是指企业应当按照交易或事项的经济实质进行会计核算，而不应当仅仅按照它们的法律形式作为会计核算的依据。国内2001年版的《企业会计制度》第十一条第二款规定："企业应当按照交易或事项的经济实质进行会计核算，而不应当仅仅按照它们的法律形式作为会计核算的依据。"可以说，这是首次将"实质重于形式"原则作为制度性许可（或者要求）予以明确化。

但问题来了。事实上，国内的CFO很少有在实战业务场景中大胆使用"实质重于形式"原则的，甚至监管机构和执法机构也不太轻易动用这一工具。比如，在"包装上市"这样一个极为常见的实战场景中，囿于A股连续三年盈利的要求，有家拟上市公司为了上市，铤而走险与客户串通，编造虚假销售合同，虚增销售收入，粉饰业绩，不惜多纳所得税。结果因种种原因上市落空，这家拟上市公司反过来要求税务局退回多缴的所得税，理由是粉饰业绩的业务没有真实发生，是虚构的，要求按经济实质（业务虚无）而不是法律形式（虚构的销售合同）承担纳税义务。但在这样的场景下，税务局通常不会同意纳税人采用实质重于形式原则进行税务处理，而是采取形式重于实质原则进行处理。

究其根本，国内公司处于大陆法系的框架之下，而以判例法为主的英美法系才是"实质重于形式"原则的立足之地。这是典型的对国际会计准则生吞活剥的套用，也凸显了国内会计理论界长期缺乏实践观察和独立思考的窘境。

真相 4　会计是精确的，财务是正确的

会计这行有一句看似非常正能量的名言，"差一分钱对不上账，都不能睡觉，必须连夜把这一分钱找出来"。这句话从是非观上讲，几乎拥有无限的正确性。但是，我在这里想谈一谈它的经济性。

如果仅从复式记账法的设计原理上看，的确存在着差一分钱都不能合账、关账这样一个机制。因为簿记源头上的一笔双账，先天就产生了查验、核对的现实需求。通行的审计作业也同样遵循这样的基本原则，循着每一张凭证、每一笔记账，进行逐笔的底稿作业，进而一路追踪下去，不把逻辑跑通绝不罢休。

这并不仅仅是书本上的原理，要命的是，所有的合规性要求都肇基于此。

但我们生活在有万千纷扰的现实中，必须考虑经济性和现实性。如果以目前大量共享中心非常头疼的费用控制业务为观察的切入点，我们就会发现，会计一向遵从的精确性这一出发点早已经穿越到了理性之河的另一边。通常来说，差旅、交通、餐饮等主要项目的费用处理，起码占到当前这些共享中心 50% 以上的作业成本，但它们带给企业的直接价值创造在某种程度上却是可以忽略不计的。国旅运通（一家专注于企业差旅服务的公司）的

CFO陈骏曾经提出过一个很有意思的场景问题：在一项出差的申请与报销过程中，负责审批申请的业务主管主要关注的是这次出差能够带给公司多大的商业收益，而负责审批报销的财务主管在审批时却往往关注机票是否有折扣和预订的酒店是否超标了几十块钱。从这个角度而言，我认为会计当前的作业焦点，已经进入了过犹不及的"无用的精确"阶段。随着IT系统的普及，业务活动将被计量得越来越精确，这会使传统业务会计角色的簿记负担越来越重，如果不能从出发点上进行理性的纠偏，无论技术取得怎样的进步，都无法把会计从工作繁重的低价值活动区中真正解放出来。

这个理性的纠偏就是把财务的焦点从"精确"转移到"正确"上来。虽然只有简单的一字之差，但是整个立场从财务切换到了业务，业务视角从簿记变成了价值创造。那些占比不到公司总支出5%的费用科目，不再成为财务作业的时间黑洞。在这样的视角下，每一笔账目不再是枯燥的数字堆积，而是生动的业务场景的全息投影。

德鲁克有一句广为人知的管理名言，"做正确的事情远比把事情做正确更为重要"。用这句话来阐释会计的精确性与财务的正确性孰重的问题，再恰当不过了。

对于财务而言，什么是正确的事情呢？大体来看，业务收入的增长、销售利润的保证、现金流的安全保障、成本与费用的约束、运营合规与风险控制，以及团队的绩效考核与激励等，这些都是规模以上公司的财务体系优先考虑并投入主要成本和时间资源进行强介入、强干预的领域。

真相5　会计是过去完成时，财务是现在将来时

饱受人间磨难的著名作家史铁生曾在其著作《我与地坛》中引述古希腊神话人物西西弗斯的名言，"过程才是生命，两端全是死亡"。对应在资产负债表上，"期初"与"期末"刚好就是报表的两端，但对于管理者和投资者来说，恰恰在这两端找不到可以发力的过程。也就是说，一旦一张会计报表生成，所有的可变要素在这一刹那就将定格，宛如一罐车混凝土浇筑在建筑构件中。

我常常讲，时间轴与空间轴的缺失，是当下会计报表难以在管理中发挥较大作用的主要掣肘。当财务以管理者角色出现的时候，其主要工作模式就如陶渊明在《归去来兮辞》里所说的："悟已往之不谏，知来者之可追。实迷途其未远，觉今是而昨非。"

我在2008年读长江商学院EMBA的时候，当时给我们讲"管理会计"课的是院长项兵。作为国内著名的管理学者，项兵院长有很多脍炙人口的名言，诸如"从月球看地球""链条对链

条""灌顶式打法"等，但他的一句极为耐读的管理会计名言被无数听众忽略了——"忘掉历史是最大的财富"。

　　这句话非常有趣。我们从小受到的教育是，忘记历史意味着背叛，但项兵院长这句"忘掉历史是最大的财富"揭开了如何审视"沉没成本"的地窖盖子。刚巧在这门"管理会计"课之后，有一位北京的民企老板需要我帮他对一个投资项目做评估。这个项目是从一家全球知名的私募机构转出来的，根据项目中介提供的信息，这家私募机构为了这个项目先后花了8亿元现金，现在仅以6000万元的价格转让它持有的全部股权。在这位民企老板看来，这笔交易非常划算，而我刚好把项兵院长的这句"忘掉历史是最大的财富"用上了。我和这位民企老板分析道：那家私募机构之前花了多少钱和你现在对这个项目的估值之间没有多少关系，你需要就当下的财务报表和业务现状进行完全中性的估值分析。你要观察和推演，这个项目在未来需要多长时间和多大空间，才能够产生足够的回报来匹配你可能投出去的6000万元。你必须把它当作一个全新的项目来看待，不要陷入之前巨额烧钱带来的心理锚定效应。

　　最终，这位民企老板听取了我的意见，没有投资这个项目，而这个项目也在之后半年内彻底清盘。

　　因此，从运营的时态上来说，会计是过去完成时，所有科目显示的信息最大的价值无非是"悟已往之不谏";财务以管理者角色登场的时候,它的运行时态是现在将来时,不仅要"知来者之可追",而且要汇同业务团队一起设计追赶未来的路径。

真相6 《会计刺客》里的会计师形象是真的吗

长久以来,会计和财务都是以沉闷、无趣的形象示人。印象中,好莱坞的商业大片似乎有一种固定的套路——黑社会的会计师反水,引发一场多方势力参与的龙争虎斗。这其中,最著名的莫过于罗伯特·德尼罗主演的《午夜狂奔》,这部影片在票房大卖的同时还获得了1989年金球奖两项提名,这也算是会计这个角色在大银幕上的高光时刻了。

2016年10月14日在北美上映的《会计刺客》很可能是史上第一次把会计作为影片的主角来演绎的好莱坞大片。该片讲述了一个有双重身份的平凡人,白天是普通会计师,到了晚上则变成神秘杀手的故事。相比于前一部会计作为男二号的热门电影,《会计刺客》无论在票房上还是在艺术性上都要逊色很多。不过,令我非常感兴趣的是男主角沃尔夫在影片结尾赠送给女主角达娜的那幅画。它是美国抽象表现主义绘画大师杰克逊·波洛克(Jackson Pollock)在1946年绘制的 *Free Form*——一幅典型的充斥着混乱线条的抽象主义作品。

有意思的是,《会计刺客》在塑造一个冷酷到底的会计形象的同时,也把大众对于会计的误解演绎到了一个相当高的程度。男主角沃尔夫从小就是个敏感而自闭的数学天才,在影片中,他仅仅通过一支水性笔就可以在白板上一步步推演出财务舞弊的关键环节。

估计四大会计师事务所的审计师看完这一蒙太奇式反舞弊的片段想死的心都有了,合着平时堆积如山的审计底稿全白做了。

在大众眼中往往非常抽象的会计和财务,真的会有这么潇洒的"自由形式"吗?换句话说,会计和财务到底是抽象的还是具象的?

这看上去更像一个典型的会计学博士论文题目。不过,也许我们只需要三言两语就能直指内心,把这里面的门道大概说明白。

其实,在我看来,会计与财务是一组具象与抽象纠缠的双螺旋。从会计的作业场景来看,它是从完全具象的一张张凭证开始推动的工作流,最终形成高度抽象的三张表;从财务这一管理者的角色开始观察的话,它需要从全部抽象的数据环境(不仅仅是会计数据这个最小的经营数据子域)中形成一系列业务判断,再返回到高度具象的业务场景中进行反复验证,最终才能够形成真正对业务有帮助的财务洞察。简而言之,会计是先具象,再抽象；财务则一定是先抽象，再具象。从这个角度来说，具备高度抽象能力的会计高手当然是很值钱的"老法师"，但这个值钱的程度往往是在低价值活动区完成的；具备高度具象能力的财务高手始终处于高价值活动区，和老板一个战壕，他带来的显然是更值钱的、能够帮助公司多赚钱和多省钱的价值创造。

不过，制约当前国内企业的核算财务向业务财务、战略财务两个高价值活动区跃迁的主要瓶颈，还是集中在业务场景还原能力上，也就是说"从抽象还原到具象"这一环节。这和国内企业的财务作业场景长期脱离业务场景有着密不可分的关系。只有将核算财务高度自动化、智能化，财务人员才能节省出大量时间沉浸在纷纭繁复的业务场景中，从而逐步建立起"从抽象到具象"的业务场景还原能力，而这一能力是管理会计作业的必备条件，甚至是决定性的前提。或许只有到那个时候，会计师手中的那支白板笔，才会真正拥有点石成金的魔力。

真相7　会计是给外部人看的，财务是给内部人干的

在日本战后经济重建的过程中，来自美国的质量管理大师爱德华兹·戴明成了挽救濒临毁灭的日本制造业的关键人物，其简

单易行的核心理论——戴明十四条也成为20世纪后期全球全面质量管理（TQM）运动的重要理论基础。日本在推行戴明的质量管理理论的过程中，也产生了很多带有自身文化特征的质量管理理论和名家。其中，最著名的莫过于石川馨，他是因果图的发明者、日本质量管理小组（QC小组）的奠基人之一。石川馨的质量管理理论中有一个极为著名的论点——"下道工序是顾客"，这如今已成为国内质量管理行动中的常识。

如果我们用这个逻辑来审视会计和财务的话，可能会对二者的差别产生全新的认识。

首先，我们必须弄清楚，会计和财务的下一道工序是什么。

作为一个业务场景的终结节点，会计根据业务场景产生的凭证，以簿记的方式将这一业务场景抽象为一笔账务，按照复式记账法通用的会计准则要求，将其归集为一个科目下的一笔往来账目，这个过程被称作制作分录。无数个分录通过人工或者系统自动汇总就成为总账。这很像一个组装流水线上的封闭车间，除了凭证这一原材料之外，基本上处于封闭状态。换言之，会计日常作业的下一道工序往往是自己，或者自己部门的小伙伴。

通常，上述这个零部件组装的过程有着严格的作业标准（会计准则、税务要求等），这也使会计往往会将合规本身视为自己的客户。也就是说，会计进行簿记作业的第一要务就是合规，而不是令与之衔接的业务部门满意。从这个角度来说，会计实际上是给外部监管者干的。

但是财务的角色则截然不同。就像我经常引用的著名学者阿里·德赫斯在畅销书《长寿公司》中提出的四大长寿原因的著名论断中涉及财务时所说的："公司的兴衰取决于经营者如何支配它的财力，包括财务、信息与金钱……公司财政是以管理者的身份起作用的，就像火炉上的阀门，它调节燃料的输入从而间接地控制热力的生产。"

所以，财务的下一道工序天然地要对应于管理层。那它就必须按照管理层的作业模式和行为喜好来提供自己的产品。大体上，管理层接受信息并采取决策的模式基本上分为感性决策和理性决策两种，前者又被称为直觉决策。在这两种决策模式中，管理层所需要的财务信息有较大的差异。在直觉决策模式下，管理层（往往是老板自己）需要快速做出选择，因此财务在这个情境下提供决策信息时应该带有清晰的定性分析结论，尤其是针对一般性的运营问题。在理性决策模式下，管理层（往往是多个决策人组成的高层团队）需要对现状进行更详细的定量分析，以及评估可能采取的上中下策建议和由此带来的后果，这往往是针对重大事项的研讨。

我们不妨参考军事史上总参谋部的崛起和发展来理解财务之

于决策的意义。事实上，普鲁士的总参谋部是历史上第一个真正具有现代意义和形式的总参谋部，对世界军事史的发展具有深远的影响，实现了从早期战争的"统帅决策型"模式向近代战争的"军官团决策型"模式的转变。写出军事巨著《战争论》的克劳塞维茨正是出身于普鲁士的总参谋部。有评价称，"总参谋部也许是19世纪最伟大的军事创造"。总参谋部是德军与其对手相比最大的优势，不仅是德军近两个世纪以来最令人生畏的部分，也是近现代军事史上最出色的参谋机构之一。

真相8 会计是造积木的，财务是搭积木的

我们小时候读过的那些童话，往往有一个千篇一律的结局，那就是"从此王子与公主幸福地生活在一起"。长大以后才明白，"相爱总是简单，相处太难"才是真正的人间常态。

与之相似的是，当会计通过一连串的凭证作业将一笔交易记至账册中时，这笔交易从数字上看就已经固定了，除非产生退款、坏账等新的变化，否则这个数字只能一动不动地躺在报表中，不可以有任何变化，"从此借与贷幸福地生活在一起"，如同浇筑成型的混凝土。用句通俗的话来说，这就是所谓的"一块钱就等于一块钱"。

但对于财务来说,一切才刚刚开始。虽然一笔笔的会计账目是定数,宛如一块块不规则的乐高积木,但如何将其组织成一幅更有价值的图景,就需要高超的财务技巧了。从这个角度来看,财务是不折不扣的变数,"一块钱等于多少不好说"。

比如,财务最常面对的成本这个科目大类。通常我们可以简单地按照成本性态,将成本分为固定成本和变动成本。所谓固定成本,大体上是指在一定的范围内,不随产品产量或销售量变动而变动的那部分成本;变动成本则是指在一定条件下,成本总额随着产品产量或销售量的变动而呈正比例变动的成本。所以管理会计教学中往往会有一个经典题型:一家工厂生产某个零件的固定成本摊销是 0.5 元,变动成本也是 0.5 元,目前开工率不足,现有一批订单的定价是 0.8 元,问是否该接这笔订单。通常的标准答案是"接",因为订单价格超过了固定成本,在开工率不足的条件下,虽然没产生毛利,但起码还能弥补一些固定成本。

这是初级的财务思维。真正高级的财务思维并不会局限在固定成本和变动成本的框架内,一切成本数字都是可以变化和组合的乐高积木。假如 0.8 元的市场行情将会持续很长时间,甚至连这个价格都无法保持下去的话,那么这个产品的固定成本和变动成本都需要重新设计。欧美发达经济体长达数十年的制造外迁和外包，实际上就是压缩固定成本的过程，而生产工艺和供应链协同效率的提升，就是在调整变动成本。管理会计诞生100多年来，很大一部分成果就是围绕着固定成本和变动成本这两个神奇的乐高积木组合来组合去而诞生的。

从所需要的计算工具来看，会计计算定数所需要的只不过是加减乘除这样简单的四则运算，而计算变数则需要财务使用高等数学当中的微积分等函数工具以及IT技术工具，才能跟上业务的需求。相对而言，制造业的变数组合还算是小儿科，对于金融业和互联网行业的变数计算，会计的定数思维基本上起不到任何作用。比如，保险业当中执"管理会计"之牛耳的精算师。精算师可以称得上是完美体现财务高阶价值的专业人士，从定义上看，精算师"是运用精算方法和技术解决经济问题的专业人士，是评估经济活动未来财务风险的专家"；从属性上看，精算师"集数学家、统计学家、经济学家和投资学家于一身"。

因此，用搭乐高积木的思维去反复"解构+重构"公司的财务报表，才是财务高手在管理中应有的常态。

真相9　会计是结果，财务是过程

我在刚刚踏入职场时，也是一个不折不扣的结果导向型思维的追随者。1996年夏天，以生产"康师傅"方便面起家的顶新集团计划在沈阳建立它在大陆的第三个生产基地，我恰巧成为这个基地的第一批骨干员工，所在的部门是品质保证部，当时大陆的工厂普遍将这一部门称为质量检测部。我们在顶新集团的天津总部接受了为期三个月的"种子部队"培训，其中教授"品质保证"课程的是集团品质保证部总经理杨斌老师，他是当时顶新集团"陆籍"管理干部中职位最高的。杨斌老师在课堂上反复强调"质量是设计出来的""质量是管理出来的"等这类令人耳目一新的理论，我曾经问过他一个问题："只要保证生产出来的结果是好的就可以了，为什么要把品质保证部的工作搞得这么复杂？"对此，杨斌老师的回答是我终生难以忘记的："我不管理你的过程，怎么能够保证你的结果是好的？"

当我们将上面这句话的核心逻辑对应到财会领域的时候，不难发现，会计往往也是不折不扣的"结果导向思维"，而财务则常常体现出"过程导向思维"的典型特征，甚至这种过程的管控最好可以一路延伸到源头。我们不妨观察一个比较有代表性的业务场景，看看两种思维模式在面对同样的问题时会采取怎样的行动。最能体现两种思维差异的典型业务场景，刚好是众多民企老板极为关心的税收筹划。

假设A、B两家公司都希望为高管提供一些健康方面的福利。

A 公司的财务人员采用了比较简单、直接的操作模式，从一家大型健身会所购买了一批实名制的健身会员卡，发给高管，并将购卡发票报销入账。在后来的税务检查中，这张发票被检核出来，税务部门最终将其认定为实物工资，所有高管一律需要补缴个人所得税和滞纳金。B 公司的 CFO 也在这一福利计划中，他很清楚 A 公司的操作存在明显的税收风险。在 CFO 的主导下，这一项目被设计成高管团队建设，B 公司同样选择了一家大型健身会所，定期请健身教练讲解如何缓解亚健康状态和出差疲劳等，并以现场签到表、拍照等形式存证，同时统一购买了一张公司名下的非个人实名健身会员卡，高管在参加理论课培训之余，在健身教练的指导下自行选择时间参加该健身会所的实践课程，最终取得培训费发票入账报销。在后来的税务检查中，这一项目完全合规，没有任何税收风险。

税收筹划领域有一个公认的经验之谈："在你签署合同、取得发票、完成交易的那一瞬间，就决定了税负形式，任何筹划都无济于事。"换言之，只要形成了不可逆的结果，神仙来了也无济于事。

有意思的是，有时候"会计的结果导向思维"最严重的不是一般的会计人员，而是对财务完全不懂的业务主管领导，甚至是老板，他们最常见的一个问题是不理解会计结果的不可逆性。流程的不同和路径的不同，会导致截然不同的会计结果，这就是财务管理需要"事前"和"事中"介入业务的原因所在。

真相10　会计决定底线，财务决定上限

如果从未来一个长周期的视角来看，2015年很可能是中国经济景气值的一个重要分水岭。形成这个判断的原因很简单，就是在这一年中国经济出现了两个前所未有的趋势反转，一个有关货币，一个有关人口。首先，随着这一年的"8·11汇改"，人民币终结了长达10年的单边升值周期，全年累计贬值幅度超过5%。这一年的6月，A股突然终结了短短数月的牛市，急速掉头向下，开启了一轮长达数年的熊市。其次，这一年也是中国人口红利的拐点之年，一向争论不休的国内经济学界难得对这一拐点达成了基本共识。

对于和上市公司的财务体系有着种种交集的专业从业者（财务、外部审计、券商、投行等）来说，2015年下半年是一个逐级改革的过程。让我们从证监会最近几年发布的"年度上市公司年报会计监管报告"中一组数据的变化来略窥端倪。

2015年的"上市公司年报会计监管报告"显示，103家上

市公司财务报告被出具非标准审计意见，其中，保留意见 16 家、无法表示意见 6 家、带强调事项段的无保留意见 81 家。

2016 年的"上市公司年报会计监管报告"显示，105 家上市公司财务报告被出具非标准审计意见，其中，保留意见 20 家、无法表示意见 10 家、带强调事项段的无保留意见 75 家。

2017 年的"上市公司年报会计监管报告"显示，124 家上市公司被出具非标准审计意见的审计报告，其中，17 家被出具无法表示意见，36 家被出具保留意见，71 家被出具带解释说明的无保留意见。

2018 年的"上市公司年报会计监管报告"显示，219 家公司年度财务报告被出具非标准审计意见的审计报告，其中，38 家被出具无法表示意见，82 家被出具保留意见，99 家被出具带解释性说明段的无保留意见。

随着 2019 年各种财务舞弊的巨瓜空前丰收，2020 年 9 月发布的"上市公司年报会计监管报告"中，非标准审计意见的数字不出意外地创出新高，达到 274 家之多。

我们不妨借用鲁迅的一句名诗——"漏船载酒泛中流"，来形容这些年 A 股市场总体的会计和合规水平。为什么 2018 年"上市公司年报会计监管报告"统计出来的非标准报告的数量比前几年的多一倍左右？首要原因是，"漏船"的船速慢下来了，中国经济增速刚好也是从2015年开始进入平稳通道，即便有出神入化的财技玩儿各种乾坤大挪移，往往也逃不过三年这个各种会计遗留问题处理的周期上限；其次，当下打击上市公司舞弊的力度已经强力延伸到第三方中介机构，"拿人钱财，替人消灾"的代价较之数年前早已不可同日而语。

我们从前面上市公司年报会计监管报告的变化中不难发现，会计体系往往决定着它的底线。但A股的低迷不仅仅是因为底线崩塌。我们再看这样一组数据：2018年A股上市公司合计净利润为3.38万亿元，较2017年减少0.06万亿元，这也是近年来A股上市公司合计净利润罕见出现下降的一年。此外，2018年亏损的A股上市公司数量较上一年出现翻倍式增长；与此同时，超过2000家A股上市公司的负债率进一步抬升，占比接近统计口径内上市公司总数的六成（扣除金融类企业）。

随着国内监管力度的不断加大，合规底线的大坑终将慢慢填平，但财务绩效的抬升需要上市公司自身的全力以赴，它往往决定着公司估值的上限。

真相 11 当会计报表成了配料表

下面这个场景你应该很熟悉。

在高铁上,乘务员推着小车卖货,一路唱着传诵已久的天下第一联——上联:啤酒、矿泉水、烤鱼片;下联:饮料、方便面、火腿肠;横批:腿收一下。

这时候你有点儿饿了,于是你想买一桶方便面充饥。你问乘务员:"方便面都有哪些啊?"出乎你意料的是,这个乘务员竟然是科班会计出身,他的回答"科目感"极强:"你要60g面饼的还是85g面饼的?"你一愣,他继续发问:"你要脂肪含量12g的还是16g的?总热量350大卡以上的还是以下的?含盐量6g以上的还是以下的?总蛋白含量是8g的还是10g的……"

相信这个时候你一定在用最大的克制力,来压制自己爆粗口的冲动。

好吧,这就是会计在现实企业运营中的尴尬。

如果你在百度中输入"读懂财务报表"这个关键词,会显示有1000多万个相关搜索结果。如果观察一下企业其他的职能线,你会发现并没有"读懂人力资源报告""读懂信息系统报告"这种东西。那么,为什么要有"读懂财务报表"这种东西呢?而且你培训班也报了,课也听了,笔记也记了,但还是一看报表就一头

第1章 财务和会计，你能分清吗

雾水。

如果一份报表制作出来之后，只有少数几个掌握这种报表制作"黑话"的所谓专业人士能看明白，然后他们在经营分析会上对着公司高管们不停地展示着自己所谓的"专业"，这事儿是不是有点莫名其妙呢？这事儿你还真别不相信，翻开中国4000多家上市公司的财务报表，我只问"附注"一项，有哪个不是会计出身的人能看懂？算了，咱们把标准降低一点儿，有哪个不是会计出身的人能看下去？

这也是现在管理会计突然变得大热的原因，因为管理会计基本不使用财务报表中的"配料表"式语言，可以根据业务实际自由定义运营分析的维度和框架。在这个基础上，管理会计的前提必然是业务导向，内容是业务导向，交付也是业务导向，那么它该使用什么语言来呈现呢？答案不言而喻。当然，我很不看好一大批昨天还在研究财务会计的专家和机构一窝蜂地跑去搞管理会计，这样做只是把外包装换了一下，里面还是"熟悉的配方，熟悉的味道"。

如今这个乘务员学明白了管理会计，终于将配料表转换成了方便面，你俩的对话应该是这样的：

"方便面都有哪些呀？"

"红烧牛肉的和酸菜牛肉的。您要分量大一点儿的还是小一点儿的？要不要加一根火腿肠？"

"要红烧牛肉的，加一根火腿肠，您拿开点儿的水泡，多泡一会儿。"

"得嘞。您稍候。"

10分钟后，你的那碗热腾腾的"配料表"，得，又写错了——方便面，就摆到了你面前。

| 第 2 章 |

财务和业务是什么关系

真相 12　当你们谈论财务时,你们在谈些什么

我们先借用一下卡佛式标题镇场。

在大多数情况下,财务在公司乃至社会上的评价与其自身价值的不匹配,往往和 CFO 不善言辞有很大关系,你看那些言必称凯文·凯利、贝佐斯、马斯克的互联网创业新势力,如果不在朋友圈里(或者各种论坛上)贩卖点儿"颠覆""革命""一个时代结束了"之类的词汇,公司估值就得咔咔往下掉,比爆了黑料的

明星掉粉还快。在京东商城的图书频道键入"颠覆"这个关键词，可以得到超过 5.1 万个图书搜索结果；键入"革命"，则会得到超过 39 万个图书搜索结果。

当然，有效沟通的最常见模式在于设计套路和解构套路。无论是内部沟通，还是对外交流，财务人在面对沟通对象时，往往都存在"鸡同鸭讲"的尴尬，我们不妨来试试解构财务人常见的四种典型谈话套路。

1. 贩卖焦虑式谈论财务

采用这种套路最常见的就是以财务人为交易对手的外部厂商，尤其是培训机构、咨询机构和 IT 机构。比如，"会计证取消了，你还不赶紧报考××证书"之类的广告，这种是以一个确定的变化为套路前提，趁机制造出大面积焦虑，进而成功兜售一个客户很可能并不需要的东西。对于这种套路的解构，关键还在于弄清楚自身的需求。比如，在上述"会计证取消了，你还不赶紧报考××证书"的营销套路中，我们很清楚两者的定位是截然不同的，打个不太贴切的比方，这里的荒谬性就好比说"门口的煎饼果子摊儿因为地沟油被取缔了，赶紧来万豪酒店吃早餐吧"。

2. 抱怨水平式谈论财务

我经常遇到一些老板向我抱怨自己的财务负责人水平不行，往往是一句极其简单的"我的财务不行，你帮我找个能力强的"。看似信息量极少，但如果结合这家公司的经营背景，就可以大致推断出这句话背后的意思——如果是重资产行业或者吃资金严重的行业，老板的意思就是"我的财务搞不定银行贷款"；如果是毛利空间日益收窄的传统制造业，老板的意思十有八九是"我的财务一点儿也不会帮我避税"；如果是高科技行业或互联网初创企业，老板的意思则大概率是"我的财务不会忽悠，估值吹不上去"。

3. 话里有话式谈论财务

这年头，咖位越大的人，其谈论财务时隐含的信息量越大，需要反复琢磨方有所悟。比如，阿里巴巴创始人曾有言，"天不怕，地不怕，就怕CFO当CEO"，但淘宝网CFO张勇已成为阿里巴巴集团CEO，支付宝CFO井贤栋也早就扛起蚂蚁金服CEO的担子，所以，这种"怕"很可能是一种更高层级的认知。再比如，乘风破浪30余年的华为创始人任正非的一句"称职的CFO随时可以接任CEO"，曾令无数财务人心生知遇之念，但这句话到底是对内说的还是对外说的,是针对集团层面还是针对 BU 层面,你真的搞明白了吗?

4. 一言不合就甩锅式谈论财务

这常见于财务和业务发生龃龉的场景。当一笔交易产生了"逾期应收账款""高额税费""毛利不及预期"等情况时,财务人就要时刻当心了,业务部门可能会气势汹汹地找上门来。他们会说"为什么你们财务不早说""你们的算法我们看不明白""要不是我们去抢这个单子,公司的市场份额更保不住了"等,全然不提流程、规则,总之,这笔交易不赚钱,都是财务账没算明白。

果然,自古财务不识数,从来套路坑人心。

真相13 "神仙老虎狗",财务的三种命运并不在自己手中

从前,长江三峡的纤夫习惯用"神仙老虎狗"来总结自己的江上生涯:在顺风顺水的时候,纤夫们坐在甲板上美美地抽着旱烟袋,看着两岸的风景,自然是神仙一般的生活;在进入急流险滩之际,纤夫们手挽纤绳暴怒嘶吼着川江号子,与巨大的自然

第 2 章 财务和业务是什么关系

之力殊死抗争，当然要有猛虎下山的劲头；在没有一丝风力帮忙的逆流之中，纤夫们除了深深弯下腰在江边胼手胝足匍匐寸进之外，再无任何使船前行的办法，其四肢着地的苦相，自嘲为狗也实在不为过。

套用纤夫们的这一逻辑，来反观财务人在公司中的生存状态，也绕不开"神仙老虎狗"这三重寓意着顺境、险境和逆境的境界。

另一个与这三重境界互相印证的著名故事当属"扁鹊三兄弟"。这一典故出自《鹖冠子·卷下·世贤第十六》。原文如下：

魏文王问扁鹊曰："子昆弟三人其孰最善为医？"扁鹊曰："长兄最善，中兄次之，扁鹊最为下。"魏文侯曰："可得闻邪？"扁鹊曰："长兄于病视神，未有形而除之，故名不出于家。中兄治病，其在毫毛，故名不出于闾。若扁鹊者，镵血脉，投毒药，副肌肤，闲而名出闻于诸侯。"魏文侯曰："善。使管子行医术以扁鹊之道，曰桓公几能成其霸乎！"

这也就是著名的"上医医未病"的来历。

虽然每一个财务总监都想活成扁鹊大哥的样子，但逃不开既有商业模式和业务环境的束缚。换言之，财务到底是"神仙老虎狗"中的哪一种命运，说到底还是取决于公司的业务命运。从

2005年创立《首席财务官》杂志以来,我一直对采访那些处于非市场化央企的CFO抱有最低兴趣,最大的原因就是在这类公司中,财务角色所能起到的管理改善作用之于公司的生存发展几乎可以忽略不计。真正令我们眼前一亮的,恰恰是在过去15年间采访CFO时不经意间见到的那种让人不禁心生艳羡的商业模式。

比如,在大众传播层面上罕有人知的百特国际。其成立于1931年,总部位于美国伊利诺伊州迪尔费尔德,是一家多元化经营的跨国医疗用品公司,主要从事血友病、肾病、免疫系统疾病及其他慢性病、危重症药品的开发和制造。百特国际旗下业务主要分为三个部分:生物科技、药物输注、肾病治疗。从2018年的财报来看,当年归属于普通股股东净利润为16.24亿美元(同比增长126.5%),营业收入为111.27亿美元,这个数字还略低于2010年的128亿美元。

我在2011年采访百特国际中国区CFO李平时,她详细地解析了这家低调巨头的商业模式。我们从其处于行业领导地位的肾病腹透治疗市场来看,一旦患者进入腹透阶段,其一生都无法离开这一服务。由于腹透是一种可以在家操作的治疗方法,非常方便、有效,因此百特国际的腹透业务具有强黏性的高端服务业特征,而其交付成本又具有生产制造型企业的大规模优势。换言之，其在这一业务上既有高端服务业的定价优势，又有生产制造业的成本优势，这简直就是一个完美的商业模式。百特国际在财务管理上的"先天好命"使李平能够腾出更多的精力赋能在内控与合规上，在她看来，这是这一行业的生存底线，也是财务管理角色能够真正发力的节点。

一切财务问题都归因于业务，从这一点来说，财务这个角色是有先天宿命的。

真相14　为什么财务部不能"三个月换个面貌"

这是一个我经常需要和很多老板反复讨论的问题。

虽然我们在过去这十多年里基本上不涉足猎头业务，但还是经常有公司和老板希望我们介绍优秀的CFO给他们。在这个过程中，出于对双方负责的考虑，我往往会问：你准备给新CFO多长时间来证明自己的价值？当然，在大多数情况下，我得到的答案是纯粹拍脑袋式的：3～6个月。

这让我想起来白居易的一句诗："试玉要烧三日满，辨材须待七年期。"事实上，不同职位需要的辨材期迥异。其中蕴含的道理很简单，就是工作流PDCA的循环周期大不相同。早已成为管理常识的PDCA循环，是美国质量管理专家休哈特博士首先提出的,"二战"后质量管理大师戴明将其用在了助力日本企业复兴的舞台上而大放异彩,进而又称"戴明环"。PDCA 循环将质量管理分为四个阶段——计划(plan)、执行(do)、检查(check)、处理(action),后来被广泛用在企业管理的各个场景中。

从财务的视角来看,由于财务场景的周期循环非常典型,周期跨度覆盖了日、周、月、季度、半年、年、三年等时间维度。周期循环越快的场景,改善起来也越快,反之则越慢。通常来说,资金是可以做到日报的,当然周报也很常见,但整体的财务报告就起码需要一个月的时间(往往只能做到业绩快报),所以一般来说上市公司只能提供到季度报表,而且坦率说,对于很多长周期行业来说,季报的价值并不高。

所以,一家企业希望找一个 CFO 高手迅速改善资金方面的困境,的确还是有相当的合理性的。用 3～6 个月的时间,改善现有资金管理的模式,或者完成一笔外部融资(无论股权还是债权),都是有很大可能的,"快刀斩乱麻"在这个财务场景下逻辑是成立的。

但真正的问题在于如何实现整体的财务业绩反转和提升。

在巴菲特之前称雄华尔街的传奇投资大师彼得·林奇最有心得的一种投资策略就叫"困境反转型投资",他曾经用这种投资策略在汽车股上获得了巨大收益。著名的彼得·林奇投资法则中有一条叫作"寻找沙漠之花",其关注的标的恰恰就是具有通过不断优化而实现财务反转的典型特征。

这种"沙漠之花"往往处于低迷行业而非热门行业,在低迷而成长缓慢的行业大背景下,经营不善的弱者一个接一个被淘汰出局,幸存者的市场份额就会随之逐步扩大。在彼得·林奇看来,一家能够在一个陷入停滞的市场中不断争取到更大市场份额的公司,远远胜过一家在一个增长迅速的市场中费尽气力才能保住日渐萎缩的市场份额的公司。所谓的"沙漠之花",就是低迷行业中的优秀幸存者,往往有如下特征:公司以低成本著称;管理层节约得像个吝啬鬼;公司尽量避免借债;拒绝将公司内部划分成白领和蓝领的等级制度;员工的待遇相当不错,持有公司的股份,能够分享公司成长创造的财富。它们从大公司忽略的市场中找到利基市场,形成独占性的垄断优势,因此这些公司虽处在低迷的行业中,却能快速增长,增长速度甚至比许多热门的快速增长行业中的公司还要快。

其实,上述"沙漠之花"的特征中,前三个可以说都是典型的财务特征,而要实现整体运营的低成本、低费用、低负债,就算在正确的策略、组织和工具的支撑下,至少也需要3年以上的财务循环周期才能见到明显的效果。

被称为"现代遗传学之父"的孟德尔做了8年的豌豆实验才发现"分离律"和"组合律",为什么不能是8个月呢?原因很简单,因为8个月只是豌豆的一个生物循环周期。孟德尔只用了8年就发现了现代遗传学最基础的两大定律,已经是亿万人中无一的天纵奇才了。套用孟德尔的研究规律,以一个季度为一般性的财务循环周期,8个循环周期就需要整整两年,考虑到普通人与这种不世奇才的差距,如上的3年财务反转周期应该是比较公允的了。

真相15　什么样的财务总监值百万年薪

前段时间有篇职场鸡汤文在朋友圈爆火,开篇是一个有趣的招聘情境问答。

Q:你有什么才华?

A:我会填坑。

别的职位不敢说,如果是应聘财务负责人的位置,你敢说出"我会填坑"这四个字,八成这个职位就是你的了。

我的一位好友曾经是国内某行业龙头上市公司的CFO,在因缘巧合之下,到一家高科技制造企业担任CFO。说是CFO,实际上就是负责运营的二把手。2019年年底,这家公司登陆科创板，我们办了一个聚会为之庆祝。回顾在这家公司的四五年职业生涯，这位 CFO 很是感慨，"我每天都在填坑，从会计处理的 ABC 到现金流的头寸。公司发展得很快，但财务基础非常差，如果用上市公司的合规标准来看，差的起码有十万八千个问题。我白天上班解决那些相对大的问题，下班后给团队培训，教会他们解决那些小的问题，并且最要紧的是不要再产生新的问题，这就涉及对运营流程不停地打补丁，业务部门的业绩刚开始有很大的波动，好在老板一直给我们财务线比较大的支持"。令人欣慰的是，这个填坑的案例是一个天道酬勤的好故事，这家公司 IPO 后的市值超过了 200 亿元，这位 CFO 不多不少刚好拥有 1 个百分点的股份。

填坑是一个财务工作者的日常，也是这份工作存在的原因之一。抱怨无益，闷头去干就好了。

除了填坑，作为业务战略的配套工程，财务负责人还要善于根据实际情况的变化"量体裁衣"。这有点儿像传统相声里说的那个"做大褂"的段子。

相声名家刘宝瑞、郭全宝说过一个著名的相声——"做大褂"，大意是一位顾客拿了一块一丈三的布料请裁缝做一件大褂，因为裁缝手艺不行屡屡裁坏布料，导致大褂改成小褂，再改成坎肩，再改成兜兜，最后干脆只能用来补袜子。

不过，在企业的现实运营中，财务所面临的问题往往和"做大裆"的段子是完全相反的行进节奏——原本只有一小块布料（资金），随着战略目标的不断调整，最终面临的问题是如何用远远不足的布料做成一件还说得过去的大裆（项目）。这方面最典型的例子当属巨人大厦的兴建。

1992年，依靠脑黄金和巨人汉卡迅速崛起的巨人集团总部搬到注册地珠海。当时珠海市为支持高科技公司，批给巨人集团一块地，史玉柱决定兴建一栋18层的办公楼。然而在各种领导的鼓吹支持下，史玉柱计划中的这栋巨人大厦从18层变成38层，再变成68层，最终演变成剑指国内第一高楼的88层。由于规划不停改变，仅整个地块的地基投入就比原来18层巨人大厦的总投资高出很多。史玉柱先后从脑黄金项目中抽取了2亿元运营资金，再加上"卖楼花"获得的1.8亿元，仍无法完成将巨人大厦完工的目标。加之不善于利用银行资金的杠杆，以及巨人集团未实行强有力的集中资金管理，最终资金链断裂，导致当时炙手可热的巨人集团折戟。

我们事后复盘这一案例认为，如果当时巨人集团有一个强有力的CFO，至少这次因盖楼导致的资金链断裂危机是可以避免的。一个好的CFO，在遇到滚雪球式的"做大裆"项目时，最关键的是时刻牢记蚂蚁金服和支付宝第一任CEO彭蕾曾经说过的那句话:"无论老板的决定是什么,我的任务都只有一个——帮助这个决定成为最正确的决定。"

在当下经济增速放缓的周期之中,任何一个善于"填坑"+"做大裸"的优质CFO,都能够轻松拿到几个百万年薪的offer。

真相16 业务的难点即财务的甜点

在高尔夫球运动中,有一个有趣的名词叫"甜点"(sweet point),指每一支球杆的杆头用于击球的最佳击球点。从能量转化的角度看,当击球点在"甜点"位置时,挥杆击球的能量能够最大化地传导到高尔夫球上,此时可以认为击球的能量几乎没有损失,打出的球在出球速度与线路控制上达到双重最优。

前文我们谈过财务的三种命运——"神仙老虎狗",事实上,财务自身无法选择拥有一种什么样的命运,这具体要看业务形态如何与之赋形。比如,国内市场环境下的建筑施工类企业,必然有被上游业主单位拖欠施工款项的业务烦恼,而早些年压榨下游农民工工资的操作模式如今已经失灵,因此其大概率面临着资金链的窘迫;再比如,普华永道、德勤等所处的审计行业,由于国内《会计法》规定了企业无须按照自身业务特点设置会计年度的起止日期,所有机构一律以自然年为会计年度,因此审计行业全年业务量走势呈现严重的潮汐效应，每一年的年底和年初都处于人力严重不足的状态，而过了3月又处于工作量不饱和的状态，因此对于审计行业的战略成本——劳动力成本的优化管理方法，就成为这一行业的"杀手级应用"。

那么，是不是财务在业务形态既定之下，就难以发挥其主动价值创造能力了呢？恰恰相反，过去十几年里我一直喜欢讲一句话——"业务的难点即财务的甜点"。在一定程度上，缓解甚至彻底解决业务的烦恼，正是财务显现自身价值的最佳时刻。不过，财务在入手解决业务烦恼的过程中，最好采取循序渐进、积小胜成大胜的模式。

在这一过程中，首先要做到的是对业务的"深潜"。被造车狂人仰融从美国杜邦公司挖到华晨金杯的尹大庆（后来出任吉利集团CFO，现已退休）原本对汽车行业完全陌生，因此到任之后他把大量的时间花在了解原材料采购、生产、销售和物流等环节上，每天至少花两个小时穿上满是油污的工作服在各个作业环节里爬上爬下，很快就积累了大量的行业知识。尹大庆在采访中谈及这段时光时对我说："做财务工作不能简单地坐在办公室里看报表，要多去现场，多了解业务的细节，这样才能有针对性地发现和解决问题"。

当时正是华晨金杯最风光的时候，销量从1996年突破万辆后，1997年突破2万辆，1998年达到3万辆，1999年达到4万辆，市场占有率上升到令人惊叹的65%。此时华晨金杯仅销售收入就高达62亿元，税后利润达12亿元，仅次于上汽和一汽，居全国汽车行业第3位，计划2000年要突破6万辆！随着华晨金杯销量的一路猛增，涂装车间在整个生产流程中的瓶颈问题变得日益突出。涂装车间的初始设计产能只有2万辆，在1997年的技术改造后达到了1998年的4万辆，如果再次改造，必须在不停产的状态下，通过技术更新达到8万辆。当时，作为CFO的尹大庆正好代行总裁职务，为了解决这一重大的技术问题并节约改造成本，他成天钻到涂装车间去看，找一大帮油漆专家和操作工人边谈边试，从工艺时间上寻找可以压缩的空间，经过大伙反复试验，还真把涂装车间的工艺时间压缩了一大半。然而问题还没有得到彻底解决，那就是如果涂装车间开三班，而总装只能开两班，多出一班的漆后车身放在哪里。于是尹大庆把目光放在整条生产线的作业流程上，来寻找解决方案，最终利用总装车间和涂装车间的上层空间建立大型漆后车身周转区，从而解决了车身存储问题。结果，在涂装车间没有进行大规模技术改造的前提下，尹大庆竟然成功地把这个问题解决了。

这一案例使尹大庆在华晨内部拥有了极高的威望。

事实上，从我们在2005年5月推出的《首席财务官》杂志创刊号的封面案例中,就能强烈感觉到"难点即甜点"的财务创新能量。时任亚信科技 CFO 韩颖给我们讲了一个她亲身经历的工资入卡案例,这是一个如今看来小得不能再小的财务优化案例,却给整个企业乃至整个社会带来了巨大变化。韩颖在 20 世纪八九十年代担任惠普中国区 CFO,由于当时惠普的员工薪酬很高,因此每个月财务部都要在发工资前加班三天甚至更久。加班的主要工作内容就是点钞,每个人的工资都需要经过清点、复核、抽查等多个工序,财务人员非常疲劳。为此苦不堪言的韩颖偶然得到一个灵感,去找各个银行谈谈,看它们能不能为所有惠普员工都办理一个存折,然后由银行将当月工资直接存入员工存折。在所有大型银行一概拒绝的情况下,一个急于拉存款的小银行同意了韩颖的提议,由此也诞生了如今银行对公业务中一个极为普通的标准业务——工资代发。

在过去 15 年对 CFO 的采访中,类似的例子不胜枚举。在将难点转化为甜点的过程中,财务人员一定要加强自身对业务细节的深潜,以及对外部规则细节的钻研,可谓"甜点藏在细节里"。

真相 17　业务是一匹野马,财务是家里的草原

如果翻看当下会计学本科的主干课程表,你会发现,基础课

里面包括管理学、宏观经济学、微观经济学，甚至还有经济法，这样的设计其实挺不错的。不过令学生意想不到的是，这些所谓的"基础课"，恰恰是财务差别化价值所在，而叠床架屋的各种会计课程带来的能力提升，可以看成是无差别价值。

美国经济学家曼昆在其革命性的一版《经济学原理》本科教材的导言里，开篇就破题了何为"经济"，"'经济'这个词源于希腊语，其意为'管理一个家庭的人'"。在曼昆来看，经济学建立在社会资源稀缺性假设的基础上。

在企业日常运营中之所以业务与财务之间存在矛盾冲突，在大多数情境下还是因为囿于资源的稀缺性这个刚性现实（而不仅仅是假设）。因此，深谙经济学的基本常识对于更好地化解财务与业务之间的矛盾，进而成为真正意义上的业务合作伙伴，可谓大有裨益。我经常向朋友推荐曼昆的《经济学原理》，如果因为时间不够来不及全面阅读，最好能反复阅读第1章"经济学十大原理"，堪称经济学武功心法总诀。其中，对于财务从业者来说，论述"人们如何决策"的前四大原理更为关键。

这四大原理涵盖了"交替关系""机会成本""边际效应"和"激励反应"。在财务与业务沟通的日常场景中，这四大原理完全可以覆盖99%以上的场景。

比如新产品研发，因为资源的稀缺性，财务要尽可能深入项目细节之中，判断出投资风险收益比最高的方向，并果断放弃当时条件下失败风险较高的选项。1994年爆发的"柳倪之争"，就是当时只有10岁的联想所面临的一次交替关系的选择。当时柳传志选择放弃倪光南坚持的"自主研发芯片"方向，这是一个典型的经济学理性人假设的结果，从概率上看，联想做自主芯片研发最终能够成功的机会微乎其微。选择"贸工技"路线，一路走到今天，联想在全球营收已突破500亿美元这个事实，已经充分说明了这个理性选择的正确性。如今，因为国内芯片领域被"卡脖子"陷入一时的被动，坊间产生一种支持度很高的舆论，认为当初柳传志的选择错了，这是典型的"站着说话不腰疼"。如果让这些舆论的制造者自己去选择，其风险偏好同样会遵循理性经济人假设。

机会成本和边际效应这两大经济学原理，应该是管理会计工具赋能于业务改善过程中最为基础的两根支柱，在此不必赘言。反倒是看似最为平常的"激励反应"这一原理，值得财务同道经常琢磨。曼昆在这一原理中所引述的"安全带降低了死亡率，但提升了事故率"的小案例意味深长，财务部门在参与制定激励政策的时候，要尽量多思考激励政策可能带来的负面效应（一定会存在）。

从决策模式来看，业务可以被看作一匹到处觅食的野马，而财务则只能苦哈哈地守着家里这点儿可怜巴巴的草地，根本不可能让业务这匹"野马"撒开欢儿去跑，因此这对相爱相杀的矛盾体是先天存在的奇妙组合。"经济"一词的本义，恰在这里发挥着决定性的作用。

真相 18　听说过顺向决策风险吗

营销培训中有一个烂熟的经典段子：某鞋厂老板为扩大市场，派销售员甲去太平洋的一个岛国上调查市场。销售员甲抵达后发现当地人都没有穿鞋的习惯，回到旅馆后，他马上发电报告诉老板"这里的居民从不穿鞋，此地无市场"。老板接到电报后，为慎重起见，又派销售员乙去核实情况。这名销售员在看到当地人赤足，没有穿鞋的时候，心中兴奋万分，一回到旅馆，马上发电报告诉老板"此岛居民无鞋穿，市场潜力巨大，快寄 100 万双鞋过来"。

这个段子之于营销端来讲，主要是强调机遇优先的思维，无论看到什么样的情况，优先往机会的方向去思考。此后还诞生了"把梳子卖给和尚"这样的升级版段子。

当然，在企业的现实运营中，没有老板会轻率地认同这两名销售员直观的判断。真正的市场调查远比一两个人直接用肉眼去观察复杂得多，否则这一行业也就不会诞生像 AC 尼尔森和 Gartner 这样专业化甚至技术化的全球市场调查巨头了。

在营销培训的场景中，培训师在大多数情况下都是带领大家群嘲销售员甲，让大家都去学习销售员乙的乐观精神。但在现实的场景中，老板很可能会将这两个人组合成一个市场开发小组，让他们共同推进这个市场的开拓。原因很简单，这样可以规避顺向决策风险。

什么是顺向决策风险？打个比方，你和几个朋友一起开车去另一个地方旅游，时间有点儿紧张，你心急火燎地飙车，而同时你身边的所有同伴都在催促你快点儿、再快点儿，你觉得你们能安全顺利地到达目的地吗？然而，如果在你猛踩油门高速飙车的时候，旁边的同伴提醒你注意安全，不要超速，不要着急，会与上一种情形有什么不同？此刻，作为驾驶员，你喜欢身边坐的是什么样的同伴？

经过长期的职业场景淬炼，业务部门普遍都进化成了乐观主义者，而财务部门则相应进化成了悲观主义者。当市场开拓、新产品研发等商机出现的时候，业务部门第一时间的反应是机会导向的，而财务部门第一时间的反应是风险导向的。拿前面鞋这个案例来说，财务部门应该问的是：为什么这个地方的人从来不穿鞋？是经济因素还是文化因素？如果当地的宗教信仰认为鞋是邪恶的，那么这100万双鞋无论如何做促销，都不可能有人买。

囿于国内企业经验现状，大多数老板都处于绝对权威地位，因此那些敢于表达不同意见、防止出现顺向决策风险的CFO，都成为这一领域中的佼佼者。比如，敢于在高管会议上对李书福说"不"的吉利集团首任CFO尹大庆，以"泼冷水的老姚"闻名的蒙牛集团前CFO姚同山（后来创立了现代牧业），经常批评李彦宏到心服口服的百度首任CFO王湛生。在我看来，这些十分难得的批评和反对意见，是国内公司在壮大过程中最宝贵的养分之一，它最大限度避免了一家公司在顺向决策中一路横冲直撞直至车毁人亡。海尔集团CEO张瑞敏曾经公开表达过他最担心的风险是，即使他带领大家一路走向悬崖，也听不到反对的声音，结果大家一起摔下去。

所以，防止出现顺向决策风险是财务的天职，反对的目的并非在于一定要阻止决策，而在于让决策变得更缜密、周详，特别是要提前做好各种意外状况的防范。

真相19　穷养销售，富养财务

不管什么时候，关于收入的话题总是牵动着职场中的每一颗心。那么，我们就一起来探讨一下，到底公司该怎么衡量不同职能线的薪酬定位。

每到年底公司论功行赏的时候，财务线通常都比较郁闷且处于弱势地位。与之形成鲜明对比的是营销线，仗着有订单和回款做后盾，营销线向来底气十足，而且激励措施也比较容易设定和兑现。为了防止出现各条线"旱涝不均"的局面，老板需要建立一个合理的分配逻辑来平衡上述局面。一般来说，薪酬主要由保障性薪酬和激励性薪酬构成，这两个要素的比例调配就形成了不同条线所谓穷养与富养的区别。

为什么说要"穷养销售"？

这个"穷"有两层意思。第一层意思是，对于那些底子薄的公司来说，它们难以支付较高的保障性薪酬，所以"低底薪高提成"通常是销售线的薪酬构成标配；第二层意思是，即便是家业雄厚的大型公司，也会在薪酬构成上倾向于用激励性薪酬刺激销售线实现更多销售。一旦保障性薪酬占大头，销售线的狼性文化就会大打折扣。国内狼性文化最出名的华为公司，在销售团队的保障性薪酬和激励性薪酬配比上，堪称最强悍的公司，没有之一。

这基本上已经是常识了。但是为什么要"富养财务"呢？

因为按照通常的理解，财务线很难通过增加销售收入的方式来直接创造价值，其价值创造的手段相对间接和潜在水下，如果不是厕身其间的董事会与管理层的核心成员，很难感知到一笔提早半年布局的公司债，到底会在日后供应链资金链条紧绷之下发挥出怎样扭转乾坤的决定性作用。互联网圈一直流行一句话——"让听得见炮火的人指挥战斗"，可弹药的输送、食品和药品的补给，到底如何未雨绸缪地做到，说到底这并不是在一线拼刺刀的人所能想象出来的。"富养财务"，就是决策层要为财务体系的存在做一个基本的价值判断，通过对绩效指标的设定（不宜简单套用销售部门的指标，更多采用体现财务管理绩效的指标），将财务角色价值的70%（甚至更多）划入保障性薪酬范围。

比如，一个CFO的年薪是100万元，那么其中至少70万元应只和财务体系自身的管理绩效有关，不宜全部和公司整体经营绩效挂钩。这样可以确保其主要的精力聚焦在如何引领财务体系的管理绩效持续优化上。

此外，"富养财务"还有另一层意思：希望CFO这个公司的理性决策中枢能在一个相对不那么焦虑的状态下帮助公司"以长策制胜"。儒家经典《大学》里有一段话，简直就是为CFO量身定制的——"知止而后有定，定而后能静，静而后能安，安而后能虑，虑而后能得。"

真相 20　在木桶理论中，财务是哪一块板

组织行为学中有一个大家耳熟能详的管理理论——"木桶理论"，即一个木桶能装多少水取决于它最短的那块木板。在实践中，木桶理论最主要的应用场景，除了一般性的初段管理培训，更常见的是组织改进问题的优先顺序，即先改善最短的木板，再改善第二短的木板，依此进行下去，直至整个组织优化迭代完成，再开启第二轮的改进。

公司的财务体系在木桶理论的框架中，通常处于哪块板的位置呢？

我个人的看法是桶底。

企业作为微观经济学的主体对象，其运营的最底层逻辑假设，显然逃不开资源有限假设。在有限的资源基础这个前提下，我相信任何一个财务管理角色都能时刻感受到约束理论（theory of constraint，TOC）中瓶颈效应的威力，再也没有什么瓶颈比桶底更适合作为财务的表征了。约束理论是一套思路清奇的管理理论，最早于20世纪80年代由以色列物理学家及企业管理大师艾利·高德拉特博士提出。为了让约束理论更通俗易懂，高德拉特还特别撰写了一系列企业管理小说，其处女作《目标》在全球火爆销售超过400万册。《目标》之于我记忆犹新的是，这是我

个人阅读史上第一本通宵读完且读完之后毫无倦意的神奇小说。

回到财务的场景中,对照约束理论中最具决定性的"提高瓶颈利用率"这一关键手法,"桶底"的容积决定效应将发生奇妙的变化。在这方面,如今的新能源汽车巨头比亚迪当年击败东芝等全球电池巨头的精彩案例,恰恰是"提高瓶颈利用率"的绝佳范本。

比亚迪在进入兼具资本密集型和技术密集型双重特征的锂电池领域之初,只有区区350万元现金,技术方面的储备也可以说是一穷二白。面对整个行业的全自动生产线,比亚迪巧妙地通过流程改造,实现了半自动、半人工的柔性生产流程,把锂电池制造这一资本密集型产业在一定程度上变成了劳动密集型产业,最大限度地将技术与当时中国最强劲的比较优势——劳动力结合,建立了全球锂电池巨头们难以企及的成本优势,迅速赢得市场份额。一条同样日产10万只锂电池的生产线,比亚迪需要2000名员工和5000万元的设备,而东芝等日本锂电池巨头虽然只需要200名员工,但需要配置初始投资1亿美元的生产设备。仅从直接的单位生产成本分摊上看,比亚迪以1元/只的成本完胜同业的5~6元/只,因此其迅速击败了整个行业的主要竞争对手,在全球范围内占据了垄断性的市场份额。

当然,在"提高瓶颈利用率"的时候,不能以牺牲运营质量为代价,而且要时刻高度关注宏观环境和产业环境的整体变化趋势。比如,碧桂园在破解民企地产融资困局的时候,创造性地在行业内推出"快周转"的运营模式,号称"从拿地到开盘,只有100天",这意味着其年存货周转率理论上可以达到3,这对于地产行业的资源使用效率来说简直是个奇迹。这套几乎完美复刻约束理论的"快周转"运营模式,使得原本只是区域龙头的碧桂园在国内地产业融资普遍艰难的时期,实现了惊人的逆势增长速度。广发证券发布的相关研报称,碧桂园在2015～2017年,项目数量平均扩张增速为85%,大幅领先龙头平均水平,最终在2017年以5508亿元的销售额获得全国地产行业的销量冠军。但这套模式运用到极致之后也不可避免地引发了一系列的问题,2018年碧桂园被多家媒体曝出连续发生多起建筑工地安全事故,碧桂园为此专门举行媒体见面会进行了集中回应,碧桂园总裁莫斌在现场鞠躬道歉。

因此,财务"桶底效应"的这个底,大家千万不要忘了,它还有整个市场可以容忍的底线共识的意味。

真相21 顺境看销售,逆境看财务

凡事皆有B面,尤其是不确定性极大的创业。

第 2 章　财务和业务是什么关系

创业本来就是一个机会主义式的利益最大化过程，只不过在寻求风口与猪的二元函数最优解下，亢奋激进着 all in[⊖] 的创业者们往往忽略了一个大概率事件——失败。比起时下流行的"把你家茅台砸跌停"式的有钱任性的互联网创业大法，如何在不断失败的沼泽中寻找到能支撑你活下去的那块小小的硬地（实际上就是能够维持整个公司基础代谢的现金流保障），恐怕是更为现实的思考焦点。

相比于 20 世纪 90 年代那些一闪而过的流星式创业者，新一代的互联网创业者对前景过度乐观，导致其对现金流的态度更加激进，这也使得公司在陷入困境时，运营体系更为脆弱。从这个角度说，如何以较低的损失穿越失败的丛林，正是这一批互联网创业者亟待补上的一课。

《棋经十三篇》中有一段可以媲美《孙子兵法》的简论："善胜者不争，善阵者不战，善战者不败，善败者不乱。"中国历史上向来不缺常胜将军，但对于那些"善败者"却鲜有记录。三国后期著名的街亭之战中，蜀汉赵云所部虽丢失了箕谷战略要地，但算得上整个蜀汉军团中唯一建制不乱、损失轻微的主力部队，堪称"善败者"的典范。《三国志》中记录了主帅诸葛亮询问赵

⊖ all in 原本是赌博牌局游戏中的名词，指的是将所有赌资都押注，希望通过一把博得最大收益。

云副将邓芝相关情况的过程——亮问邓芝曰："街亭军退，兵将不复相录，箕谷军退，兵将初不相失，何故？"芝曰："赵云身自断后，军资什物，略无所弃，兵将无缘相失。"

我们在小蓝单车创始人李刚的公开信中看到其在复盘失败过程中的惨痛领悟，它的失败恰恰是在摩拜与小黄车双寡头竞争压力下的自乱阵脚所致。"再好骑的产品，在缺少了多元化资本支持和良好的财务规划能力时，都显得无力。为了追赶生产进度，小蓝单车在四五月份追加了数亿元生产合同，本来预计五月末六月初融资成功后就可以一次性将资金问题解决，而随着资本市场冷静和六月初宣传事故的双重打击，融资变成了泡影，并购丧失了最佳时机。"

由是观之，在不利局面下尝试寻求"善败"的次优解，恰恰是赌性十足的互联网创业者极为欠缺的理性智慧，当然也是创业团队中时刻扮演理性中枢的CFO的主要工作目标，而首要的解题入手点往往是设定充分的资金"安全垫"。

多年前，一位CFO和我讲过他是如何与赌性十足的CEO斗智斗法的，"对于那些我认为明显超出理性范畴的巨额投入，我会想尽一切办法在签约和付款上进行拖延，而且会尽全力设定止损条款或退出条件。如果实在无法阻止这类all in式资源投入，我会在他跳下悬崖之前，给他找一个降落伞背上"。当然，这类降落伞通常离不开较长期的资金安排，或者是与主营业务间的防火墙设置。

天上飘来五个字——善败者不乱，善败者不乱，善败者不乱。保命的话说三遍。对于老板来说，真正靠谱的财务搭档，就是要敢于直面生意惨淡的 B 面——如果局面真的坏到了要做跳崖这样的决定，那么就选一款赵云这样的降落伞给老板背上吧。

真相 22　破解日企财务密码："财务水平很一般"和"管理报表很贴身"

一个 CFO 微信群里曾讨论财务体系效能的话题，一家日企（《财富》500 强）中国区 CFO 信手回了一句："日本企业轮岗多，很多财务人员以前是做总务、人事、计划的，他们财务水平一般，但是做出的管理报表很贴近企业的经营活动。"

这句话的信息量极其丰富，点破了有关衡量财务水平话题的真相。

我们先来看看这个行业里头号"内行"——最新版《会计法》（2017 年 11 月 5 日起实施）第三十八条的规定："会计人员应当具备从事会计工作所需要的专业能力。担任单位会计机构负责人（会计主管人员）的，应当具备会计师以上专业技术职务资格或者从事会计工作三年以上经历。"

用这个标准来衡量的话，恐怕那些从总务、人事和计划转岗而来的日企财务人员都不大合格。这也是那位日企 CFO 意味深长且满含纠结感的结论——"财务水平一般，但是做出的管理报表很贴近企业的经营活动"所蕴含丰富信息量之所在。

从考证、职称、学院派教育等角度来衡量，那些转岗而来的"财务水平一般"的日企财务人员，偏偏能做出贴近公司运营实际的管理报表。这句话显然还蕴藏着另一个话题，那就是很多拿着一堆专业资格证书、拥有中高级职称甚至在核心期刊发表了论文的国内财务人员，虽然"财务水平很高"，但很可能做不出贴近公司运营实际的管理报表。

此刻我们再回味卡普兰对管理会计在实践性方面的再三强调就会发现，国内财务领域的实务界对理论界（包括规则制定者）的领先，已经远远不是一个身位了，在应用的现实性、工具的技术性以及场景的丰富性等方面，这两个世界甚至已经开始失去了深度对话的可能性。所以，衡量财务水平的标尺，早就应该还给运营实践了。

换句话说，当前国内现有的这些衡量财务人员"专业能力"的手段，基本属于衡量一个组织财务水平的"毛"；将财务体系的管理职能以贴近公司运营现实的精准表达和价值输出的模式，来让管理层对财务的角色价值产生真切的"获得感",才是衡量其财务水平的"皮"。皮之不存,毛将焉附?CFO的专业领导力恰恰就在于率队设计和打磨出一整套贴近公司运营现实的仪表盘体系,始终让各级管理层身处于由财务领航员全程提供数据支持的管理驾驶舱内。

最后说一个值得关注的变化,现在我身边越来越多的CFO朋友在招募财务"小白"的时候,已经不要求甚至不倾向于学会计出身的候选人了。我把这个迹象视为组织财务水平已经在一定程度上实现了"贴近公司运营现实"的重要信号,尽管这个判断的依据或许根本不符合国内财务理论界的"学术规范"。

| 第3章 |

财务高手养成初级阶段

真相23　老板不关心预算？其实心里门儿清

姜文四年磨一剑的《邪不压正》在2018年年中终于公映了，作为其"民国三部曲"的终章，无数影迷期待再次触及如《让子弹飞》一般的国产电影的内涵高峰。

在这部电影公映前，姜文做客凤凰名嘴窦文涛的节目时，不经意闪出一个和财务有莫大关联的精彩片段。在谈及姜文的夫人周韵担任总制片人的话题时，窦文涛话锋一转，问姜文："要是

第3章 财务高手养成初级阶段

拍摄超出预算了，怎么办？这时候听谁的？"姜文的回答实在太霸气了——"什么叫预算？"

我们先让这颗子弹飞一会儿。

显然，这是一句让很多财务人颇为气馁的话。每一个创业者都有一个超出现实的梦想，或者说每一个老板心里都住着一个姜文。他们策马奔腾在万丈商业红尘中，一路上不停闪现着瞬间就获得黄金万两的机会，上个月还在一起愉快地吃盒饭的人现在已经开着收割机红红火火地玩起了区块链，这让人还怎么能安静地坐在电脑前看管理驾驶舱中的各种KPI？

在丰满的理想面前，干瘪的预算实在让人提不起兴趣。

我们先回到电影上来。根据行业统计数据，2017年国内备案影片过千部，制作近800部，最终得以公映的不超过30%，而最终能够赚钱的影片不及10%。换言之，在公映榜单100名之后的那些电影都以亏损收场。

为什么姜文不在乎预算？一方面固然是其艺术家天马行空的修为使然，但更重要的另一方面是，姜文很清楚自己作为超级IP，本身就是中国500亿元电影票房市场的稀缺头部流量，只要其作品质量保持稳定，赚钱的概率远大于赔钱的概率。换言之，"演而优则导"的姜文，在很大程度上处于国内电影行业的"支配者"地位，拥有极高的行业话语权，这些是绝大多数电影从业者所不具备的。

同理，我们看到一些身处行业上升期、产品和服务毛利空间巨大的企业，往往也不重视预算这类精细化管理工具的应用。就算是"漏船载酒泛中流"，只要速度足够快，也能非常安全地冲到对岸。

所以，财务从来就不是一个可以均质化存在的角色，公司经营生态决定着其发挥价值的角色生态。说句大实话，与其天天绞尽脑汁地秀各种财技，不如选一家处于行业上升期、毛利高的公司做CFO，既安全又开心，还赚钱。郁闷的是，说来说去，中国电影业只有一个姜文，所以，预算还是得认认真真地做。

真相24　好的预算就是一张全景式战略地图

在过去15年中，我一直在研究财务管理变革的过去、现在和未来。这个行业颇令人沮丧的是，规则制定领域和学术理论领域的萧规曹随已经到了令人发指的地步。当时过境迁，那些完全基于当时环境的权宜之计虽然早已经被企业的运营现实刺得千疮百孔，却还被各方奉为金科玉律。这其中，有像纸质凭证这样牵一发而动全身的底层方法论问题，也有像预算这样急需拨云见日的顶层世界观问题。

早在 20 世纪末，全球著名的咨询巨头麦肯锡就曾发表过一篇震撼当时工商业界的雄文——"预算已死"，其所抨击的恰恰是预算制定过程已经沦为充满不同意见的讨价还价游戏和又臭又长的 Excel 填表作业。常规的预算制定模式已经严重违背了这个管理工具诞生之际的初心，即如何更有效地指挥商战作业。

其实，从实战角度来看，预算的最低实现目标，也应该是一幅全景式战略地图，它对于提升资源投入产出的效率有着至关重要的作用。但在现实操作中，财务部门往往非常郁闷于无法为业务场景建立起一整套有效的数据"标尺"，如此一来，制定预算的过程就沦为低质量的讨价还价，而不是为公司战略的执行建立全景地图。

那么，如何更有效地建立业务场景的数据"标尺"呢？

我们从国内快递龙头顺丰在数字化方面的探索，可以得到三个硬核启示。

第一个启示是，"下定决心，排除万难"，强行实现业务流程主干线的数字化。顺丰时任信息安全与内控处负责人刘新凯曾在一次公开会议上回顾了顺丰早期数字化的艰苦历程："我们在做最早的数字化的时候是在做什么？按照标准的流程是手写下单，进行相关扫描，然后一个非常重要的环节是人工录单，把所有快递单的数据及时录到系统中，相当于白天取完件，马上有业务员把它们做批量的扫描，扫描件会给到后面的输单人员进行数据的传输。"这个工作量对于一个每天收派单多达 1500 万单的快递巨头来说，实在难以想象。

第二个启示是，要敢于在能提升核心竞争力的业务场景上进行数字化投入。顺丰（顺丰控股）2019 年财报显示，在过去三年其对科技方面的投入累计已经超过 80 亿元，资金投向主要集中在物流科技、数智决策、绿色物流与信息安全以及智能中转四个核心领域。另外，2020 年年初的数据显示，彼时顺丰已获得及申报中的专利共有 2361 项，专利持有量在国内快递行业排名第一。

第三个启示是，所有业务场景数字化的第一着眼点都是人。据统计，目前顺丰在全球的员工总数为 40 万左右，而背后支撑快递员的业务系统有多达 500 个。无论这些业务系统背后的设计逻辑有多么复杂，其生命力的第一落点永远要落在业务一线运营的易用性上。

基于理想的情况假设，在将预算变成一张可供指挥商战使用的全景式战略地图的过程中，要把运营中的竞争态势、环境变量、资源变量、人员变量、供应链变量等关键的数据"标尺"，透过新一代移动互联网的技术框架，方便快捷地通过数字化的标签嵌入到业务场景中去，这样影响整个预算体系有效性的痼疾才能得到根治。那么问题来了，这些需要标示的要素大多不在现有的财务作业体系之内，经营者必须使用广泛的数字标签技术将这些原本不可见的要素全息数字化。所谓智慧运营、智慧财务的前提，一定是数字化运营，中小型企业尤为需要注意的是，数字化运营未必都要采用时下炙手可热的 A（AI，人工智能）、B（big data，大数据）、C（cloud service，云服务）等这些需要较高的初始投入的 IT 基础设施来实现。所以，无论是企业家还是 CFO，都应该因地制宜，将更多的运营细节打上可追溯、可管理、可分析的数字化标签，哪怕是借助一些手工作业手段，也要努力扩大现有业务分析的数据洞察范围。

数年前，时任联想集团大中华区 CFO 吴辉曾问我，如何招募"数据分析师"，他表示不太想继续招学会计的人了，他需要能够深入业务一线的财务人员，这些人的作业模式就是要时刻观察业务一线的运营活动，并尽可能地将所有细节都贴上数字化的标签，实时回传给总部财务部门。这样一来，联想总部的财务管理职能线就能真正做到"秀才不出门，便知天下事"。

除了人员作业模式的变化，技术的嵌入使吴辉曾经的设想一步步变成现实。在我看来，所谓经营分析，无非是在众多运营因素之间，寻找和建立可复制的因果关系。在这个过程中，纳入分析视窗的运营因素越多，所能发现和建立的因果关系就越多、越可靠。纳入分析视窗的前提，就是将业务活动中的细节尽可能地打上数字化标签，这个范围越广越好，最佳状态就是建立整个运营过程的数字化全息投影。

真相25　其实预算表里的每个数字都是心理学问题

一般来说，每年第四季度是每家企业预算博弈白热化的时刻，组织内最常见的财务与业务的冲突也往往在此际上冲峰值。

但很多CFO并没有弄明白预算其实是一个心理学问题，所以当用"业务的逻辑＋财务的工具"去求解这个问题时，往往参与各方到最后都是一头雾水。

我们不妨通过一个曾经在网络上爆红的段子来理解上面这个判断。

父亲从女儿房间前经过时，发现女儿的房间收拾得异常整齐。这太奇怪了。女儿15岁，追求时尚却不爱整洁，房间一向凌乱不堪。今天，不但被子叠得有棱有角，其他物品也摆得整整齐齐，被擦拭得一尘不染。接着，他看到枕头上放着一封信。他走进房间，拿起信，信的开头写着"亲爱的爸爸"几个字。

第3章 财务高手养成初级阶段

父亲心中顿时升起一种不祥的预感，他用颤抖的手拆开信，念起来："亲爱的爸爸：我在写这封信时，心中充满内疚和不安，但是，我还是得告诉你，我就要离家出走了。为了避免你和妈妈的阻挠，我和男友兰迪必须这样私奔。我和兰迪已经是一体的了，谁也不能把我们分开。我相信，你们见到兰迪也会喜欢他的。他身上文刺了各种图案，他的服装另类、前卫，他的发型独一无二。我和他之间不但难舍难分，而且，我已经有了身孕。兰迪说，他要这个孩子，以后我们三个人幸福地生活在一起。我想，我们肯定会幸福的，虽然兰迪的年龄比我稍大一点（男人42岁，在现今这个社会不算太老，是吧），也没有什么钱，但是，这些不应该成为我们感情的障碍，你们说对吗？我们打算到深山老林里去，搭一间小木屋。我们已经在那里准备好了过冬需要的木柴。兰迪还有另外几位女友，但是，我知道他会以他的方式对我表示忠诚的。他说，他要和我生好多好多孩子，这也是我的梦想。同时，我们还要向上帝祈祷，希望科学家早日找到治愈艾滋病的方法，这样，兰迪就可以康复了。他应该能得到这样的好报。爱你的女儿罗丝。"

读到这儿，父亲差点昏厥。这时，他看到另外几个字："未完，见反面。"他慌忙把信翻过来，那里有几行字："另：爸爸，你刚才读到的都不是真事。真实情况是，我在隔壁邻居家，并想让你知道，生活中有好多事情比我的成绩单要糟糕得多。我的成绩单放在书桌中间的抽屉里，请你签上名，然后给我打电话，让我确信我可以平安回家了。"

上面这个段子直观地描绘了心理学中著名的"锚定效应"。一份糟糕的成绩单摆在一个令父亲抓狂的人生噩梦前时，就会变得极其容易接受。从这个角度来理解当年任正非写的那篇《华为的冬天》，就不得不佩服这位行伍出身的老牌企业家多么善于调动正处于行业低谷的一个庞大组织的士气。士气恰恰是每个企业在费九牛二虎之力拉出长长的年度预算时，最想填写进来的表外资产。作为长盛不衰的管理工具之一，全面预算管理同样有着深刻的社会心理学和组织行为学基础。其中最典型的莫过于"皮格马利翁效应"，又被称为"心理预期的自我实现"，它是一种人际激励现象，其中更高的预期使团队和个人的绩效提高，低预期的效果则是相反的。

所以，真正成功的预算，是能锚定伟大目标的预算，是能鼓舞团队士气的预算。最简单的理解方式就像《孙子兵法》中所说的那样——"上下同欲者胜"。对此表述得更直白的是太平军后期核心将领李秀成在论兵时曾说的那句话："但使子药充足、将士用命，天下还有打不赢的仗吗？"

真相 26　10 分钟 vs. 1 小时，命运最爱惩罚偷懒的人

一说到有关内控的理论框架，最出名的莫过于 COSO（美国反虚假财务报告委员会下属的发起人委员会）在 1992 年发布的《内部控制整合框架》。这一报告首次给出了内控的五大要素架构，包括控制环境、风险评估、内控活动、信息与沟通、监督。如今这些要素架构已经成为 IT 系统的常见模块嵌入到企业的数字神经之中，而且也成为欧美发达资本市场监管机构所公认的上市公司内部控制框架的执行标准。

但它真的像当初设想的那样有效运转吗？我们来看一组有趣的中外案例对比。

2008 年 9 月 15 日上午 10 时，具有 158 年历史的美国第四大投资银行——雷曼兄弟公司，向法院申请破产保护。这一消息瞬间通过电视、网络传遍地球的各个角落，这也标志着一场由次贷引发的全球金融危机正式开启。令人匪夷所思的是，当天上午 10 时 10 分，德国国家发展银行居然按照外汇掉期协议，通过计算机自动付款系统，向雷曼兄弟公司的银行账户转入 3 亿欧元，折合人民币约 30 亿元。毫无疑问，这笔钱将是"肉包子打狗有去无回"。

转账风波曝光后,德国社会各界一片震惊。德国财政部长佩尔·施泰因布吕克说一定要查个水落石出,并严惩相关责任人。受财政部委托的一家法律事务所很快进驻银行进行调查。调查报告很简单,只不过是一一记载了被询问人员在这10分钟内干了些什么。具体情况如下。

(1)首席执行官乌尔里奇·施罗德:我知道今天要按照协议预先的约定转账,至于是否撤销这笔巨额交易,应该让董事会开会讨论决定。

(2)董事长保卢斯:我们还没有得到风险评估报告,无法及时做出正确的决策。

(3)董事会秘书史里芬:我打电话给国际业务部催要风险评估报告,可是那里总是占线。我想,还是隔一会再打吧。

(4)国际业务部经理克鲁克:星期五晚上准备带全家人去听音乐会,我得提前打电话预订门票。

(5)国际业务部副经理伊梅尔曼:忙于其他事情,没有时间去关心雷曼兄弟公司的消息。

(6)负责处理与雷曼兄弟公司业务的高级经理希特霍芬:我让文员上网浏览新闻,一旦有雷曼兄弟公司的消息就立即报告,我在休息室喝咖啡。

（7）文员施特鲁克：10时3分，我在网上看到雷曼兄弟公司向法院申请破产保护的新闻后，马上跑到希特霍芬的办公室。当时他不在办公室，我就写了张便条放在办公桌上，他回来后就会看到。

（8）结算部经理德尔布吕克：今天是协议规定的交易日，我没有接到停止交易的指令，那就按照原计划转账吧。

（9）结算部自动付款系统操作员曼斯坦因：德尔布吕克让我执行转账操作，我什么也没问就做了。

（10）信贷部经理莫德尔：我在走廊里碰到施特鲁克，他告诉我雷曼兄弟公司破产的消息。但是，我相信希特霍芬和其他职员的专业素养，一定不会犯低级错误，因此没有必要提醒他们。

（11）公关部经理贝克：雷曼兄弟公司破产是板上钉钉的事。我本想跟乌尔里奇·施罗德谈谈这件事，但上午要会见几位克罗地亚的客人，觉得下午再找他也不迟，不差这几个小时。

如果说德国国家发展银行之前没有任何内控系统和流程，恐怕绝大多数人是不会相信的，但为什么这么简单而且无须系统支撑就能做出的业务判断，最终却无法避免这场10分钟的史诗级愚蠢事件？

我们再来看另一个案例。2011年3月11日下午爆发的东日本大地震，最终因引发福岛核泄漏，而演变成一场旷日持久的生态灾难。时任中兴通讯海外财务部长陈燕女士曾在这之后不久，在我们组织的一场 CFO 沙龙上分享了一个耐人寻味的真实案例。当天下午北京时间 13 时 46 分，里氏 9.0 级的东日本大地震暴发，消息在短短几分钟内就迅速传遍全球。此时距离震源 3000 公里之外的中兴通讯的一位主管海外工作的副总裁看到新闻后，马上召集了人事、采购等相关部门开会，马上评估这一意外事故可能对中兴通讯产生的影响。人事部门发现，在这一时间节点中兴通讯没有员工在震区出差；采购部门发现，在中兴通讯全球供应链上，有一个零部件的供应商在福岛，而这个零部件的全球产能有一半都出自这家日本供应商。于是这个会议马上做出了两个决策，首先是买断市场上所有这个零部件的存货，其次是马上开始评估选择替代供应商。整个会议用时 1 个小时左右，最终中兴通讯没有受到此供应商断货的影响。在同一时期，全球多个主流汽车公司在此次地震后均不同程度地遭遇了产自福岛的零部件断供危机。

　　上述两个结果迥异的案例表明，再完美的内部控制理论体系，对现实场景中的企业运营风险防范也存在着盲点和无力感，而这些盲点，即使通过技术进步恐怕也未必能全面覆盖。在上述这两个对比鲜明的案例中，人的主观能动性所带来的结果天差地别,这对于公司管理层来说是一个醒目的提示——人永远都是风险控制中最关键的因素。

真相 27 找到"消失的第一枪"就是内控的 KPI

在过去 15 年时间里,我组织了大量财务方面的实战研讨会议,在研讨主题的选择上可以说涉及财务领域的诸多话题,但其中鲜有内控方面的话题,除非是客户定制的专属活动。主要原因在于,我个人最不爱聊的就是内控。为什么呢?因为目前市场上大部分有关内控的理论、系统以及案例,说来说去聊的都是如何"控内",甚至把反舞弊放到了内控部门最主要的 KPI 考核指标里。

这种思维并不鲜见,在一次令我记忆犹新的内控论坛上,一位在国内内控领域相当知名的顶尖外企内控负责人,在台下的一位央企二级上市公司的 CFO 问他如何考核内控部门的绩效时,他的回答是,将反舞弊的效果作为衡量内控绩效的核心 KPI,而更令我惊讶的是,很多内控领域的同人对此颇为认同。这充分暴露出传统的财务思维框架与公司运营现实相脱节的严重程度。

就常识来讲,商业实践中有多少公司是因为员工舞弊而最终倒闭的呢?虽然不能说绝对没有,但一定是小比例和小概率。所以，我相信绝大多数公司的老板对强化内控结果的期待，应该是在业务运营改善的层面和重大经营风险防范的层面。那么，具体该如何行动呢？

我们先跳出这个话题，聊点儿题外话。

不久前的一则影视圈消息令我十分震惊。在新版《东方快车谋杀案》获得成功之后，二十世纪福克斯电影公司打算将另一部阿加莎悬疑经典《尼罗河上的惨案》搬上大银幕，肯尼思·布拉纳有望回归担任导演及扮演"波洛"探长。作为看过无数遍1978年英法德合拍版的《尼罗河上的惨案》的阿加莎迷（这一版本自身改编与演绎非常经典，更兼"上译群侠"毕克、童自荣、于鼎、乔臻、丁建华云集献艺），我实在难以接受别的版本。

《尼罗河上的惨案》最精华的部分是比利时神探波洛最后对案件真相的推演——主谋杰奎琳在"卡纳克号"游艇的酒吧里佯装醉酒，向表面上被她的巨富闺蜜林内特抢走的前男友、正在度蜜月的新郎官西蒙开了一枪，虽然子弹射入了西蒙面前的地板，但西蒙马上捂着大腿倒在地上，"鲜血"（实际上是指甲油）直流，惨叫不已。在场的目击者除了护送被惊吓到的杰奎琳回房间的，其余人都跑去找船上的医生。此时酒吧里只剩西蒙一人，他飞速起身，捡起杰奎琳故意丢落在地板上的手枪，冲到新娘林内特的房间，再次扣动扳机完成谋杀，然后飞奔回酒吧，对准自己的大腿第三次扣动扳机，完成真伤以消灭作案时间。

全案中最令波洛伤神的就是"消失的第一枪"。现场多个目击者看到杰奎琳开枪，也听到了枪响，也看到西蒙大叫着栽倒在地以及大腿上涌出的红色液体，头脑中自动就产生了"西蒙的大腿中枪了"这个结论。然而，在没有立即进行检验的情况下，这个结论显然只能是一个推论，毕竟只有西蒙知道自己中没中枪。所有目击者看到的都只是一场精心设计的完美演出。

好了，我们现在回来接着聊内控。在内控标准作业程序中，内控风险点的排查是非常关键的一步，但往往囿于企业经营的个性化差异，很难形成统一的方法论。其实，《尼罗河上的惨案》中寻找"消失的第一枪"是一个很不错的通用方法，即"寻找流程的断点"，这个断点是指所有可能被"枪声、惨叫声以及红色液体"所误导得出"中枪"结论的地方，就是用想当然的判断代替事实的地方，以及想象多过抽查和校验的地方。比如，在存货盘点中，所有看似封装完好的纸箱都被当作真正的存货，就有那么几分用推论代替结论的意思。当然，如今 RFID 等智能仓储技术的广泛引用，很可能使运营流程的诸多节点上以推论代替结论的普遍现象得到前所未有的强力纠正，使信息流的真实性、即时性得到空前提升，这是过去 30 年来企业信息化浪潮一直心心念念但无法做到的事情。

IT应用领域有一个历久弥新的常识——"Garbage in, Garbage out",即信息的输出质量是由输入质量决定的。因此,日常内控关注的焦点应该是容易出现垃圾信息输入的重点场景。只有运营数据在没有断点的业务流程上完成财务大循环,CFO看到的数据才是值得信任的,也是值得进一步加工、分析和应用的"硬通货"。

真相28 "打碎蛋壳"看清运营数据里的断点

在上一个财务真相中,我们谈到了"消失的第一枪",相信一定引发了不少财务同人的共鸣,同时也带来了进一步的思考——如何找到运营数据的断点,又如何解决这些断点呢?

我们还是先把目光暂时放到财务之外,来寻找一点儿他山之石的灵感。

下面给大家讲一个关于"打碎蛋壳"的故事。一位德高望重的老首长下连队视察,亲切地询问一个年轻的小士兵:"平时伙食怎么样啊?"被挑选出来迎接首长的小士兵当然都很机灵,挺直腰杆答道:"报告首长,有肉、有鱼、有蔬菜,每天还有一个定量的鸡蛋。"老首长听了微微一笑,接着问道:"那个鸡蛋是怎么个吃法呀,是炒蛋、煎蛋还是煮蛋?"小士兵回答道:"主要吃炒蛋，基本不吃煮蛋。"孰料话音刚落，一直和颜悦色同士兵交谈的老首长马上回头大声吼来连队负责人："炒鸡蛋是怎么做到确保每个士兵每天一个鸡蛋定量的？这里面有没有克扣的问题？明天开始马上恢复成煮蛋，要还给每个士兵打碎蛋壳的权力。"

在本土企业当前的日常业务运营中，"炒蛋派"数据往往占很高的比例，不仅来源混乱，而且基本没有进行数据清洗和数据细分，数据分析的噪声太高，颗粒度也太粗。比如，同样是零售领域，传统零售业态最多只能做到按品类和区域进行运营数据分析，反观天生的"煮蛋派"，电商巨头们可以为一笔订单加上多个数据标签，从而能够更清晰地掌握单个消费者的主要消费行为特征，进而可以做出很多有针对性的提前预测，并加以促销引导。所以传统零售业态面临的最大威胁，并不仅仅是电商价格更优惠，更本质的在于，拥有精准大数据优势的电商更懂消费者的各种现实需求以及潜在需求。

那么问题来了，既然问题在于数据标签不够丰富，那是不是传统零售业态只要在每笔订单上也增加这些标签就行了？我的一位故交十多年前是一家国内顶级服装公司的首席信息官（CIO），他的创新意识非常强，在他当时主导开发的门店销售系统中就增加了大量的商业智能（BI）标签，比如消费者的性别、年龄段、购买状态（一个人来还是多个人来等）、当时的天气情况、从进店到下单的时间，等等。按照他当时的设想，这是国内服装零售领域最大的 BI 系统，可以精确地分析出单一消费者的消费行为模式，进而可以为其量身定做促销方案，从而极大增强客户的黏性。由于他深受老板赏识（后来还接任了 CEO），因此，这个门店销售系统非常强势，如果店员不把上述标签标示清楚的话，是无法完成收款出单的。然而，他忽略了一个问题，这些标签全部需要手工打上去，无法自动生成，因而这些标签就变成了典型的"炒鸡蛋"标签，也就无法确切地知道店员是否按照真实情况进行了精确录入。事实上，即便忽略掉店员主观道德风险的情况，在店内比较繁忙的时段，店员往往也只会在每个标签的第一个选项上点一下鼠标以便尽快完成订单。

不过，在当下的技术环境里，曾经困扰我这位老友的问题已经得到了相当大程度的纠正。比如，店里的智能监控设备可以通过人脸识别技术将消费者的购买过程数字化，进而匹配到门店销售系统中，确保了数据源的真实性。当然，鉴于门店之于销售的意义日渐式微，我们只能感叹这些技术"晚生了 10 年"。

任何手工录入的数据源在很大程度上都是一些看不清来路的"炒鸡蛋"。基于业务活动自动生成的运营数据终将占据财务镜像的主流，同时也顺带解决了国内走调内控一意孤行的"控内"

问题。

说到底，有了强大的数字化技术加持，流程再造才是"打碎蛋壳"的最佳利器，许多数据断点也就随之消弭于无形了。

真相29　从任正非的发飙看内控的季节性

2018年，一篇"任正非怒斥女儿孟晚舟的财务团队：还过什么年"的文章在微信朋友圈爆红。打开细看之后，我发现这是2015年的一则旧闻，事情的起因是华为《管理优化报》上的一篇名为"一次付款的艰难旅程"的文章，该文主要是以业务一线的视角抱怨华为内部的财务审批流程太复杂、财务人员经常设阻力等现象。

这是非常有趣的一件事情，"怒怼事件"不仅是发生在老板和CFO之间，而且也是发生在父亲和女儿之间，还很可能是第一代创业者与第二代守业者之间。我们从中可以读出来的言外之意，更是充满门道。

1. 怼得有道理吗

平心而论，有道理。在任正非的邮件里，他的态度很明确："据我所知，这不是一个偶然的事件，不知从何时起，财务忘了自己的本职是为业务服务、为作战服务，变得颐指气使，皮之不存，毛将焉附。"

那么，怼完了问题能得到彻底解决吗？

我的答案是：不可能，原因有二。

其一，国内会计领域（特别是税务）对纸质凭证非常热爱，基于纸质凭证（或扫描后的影像文件）的流转，占据了财务流程的大半部分，对于这部分流程，财务没办法单方面加快。基于现有作业模式，我曾经多次呼吁针对一定信誉级别的大型企业推行合并纳税（全国范围内同一控股体系下汇总纳税）和无票报销（差旅、餐饮及日常办公等），在保留事后稽核权力的基础上，充分信任这些早已经被市场证明过信誉的大型企业。如果采用智慧财务下的数字化作业模式，那么纸质凭证显然是毫无意义的存在，使用电子交易凭证或者准确地说是数字化交易凭证，可以省略掉现在大量的扫描、打印、粘贴、存档等无意义动作，而且更安全、更可靠，也更有助于降低征税成本。所以，华为财务宁肯被任老板怼，也不敢简化流程而造成操作不合规。那么，有没有既可以简化流程，又不会影响现有合规操作的方法呢？你觉得如果华为能改进其财务体系，它会不改进吗？即便有，也无碍大局。

其二，业务和财务在流程上的异步性设计是现代公司治理结构中的一个关键暗扣。即便在数字化交易凭证大行其道和运营端实现业务发生即自动记账的基础上，业务和财务也不会被允许流程完全同步。这中间到底间隔了多大的异步空间完全取决于公司对运营效率和风险控制的平衡能力。

2. 怼的时机耐人寻味

任正非是国内企业家中极为罕见的"心理大师"，极其善于调动团队的"狼性"。事发时的11月初，距离全年收官仅有50天的冲刺时间。任正非在此时怒怼女儿孟晚舟掌舵的财经体系，自然会使业务线的怨气得到很大程度的化解。行啦，气也出了，赶紧冲刺业绩吧！早前曾有一个"再不回款，财务要'杀'个销售祭天"的表情爆红网络，但老实说，从任正非怒怼华为财务的这件事来看，你说谁才是要被'杀'了祭天的呢？

这不免让人想起《三国演义》里王垕的例子。建安二年（公元197年），曹操在寿春大战袁术，曹军缺粮，又遇大旱。当时管粮的是任峻部下仓官王垕，王垕请示曹操怎么办。曹操指示他以小斛给士兵发粮。王垕不解："这样做，军心必怨。"曹操说："你就这样办，我自有良策。"王垕按曹操的意思办了，果然军队内怨声载道。此时，曹操密召王垕，坦言"借头一用"，以克扣军粮为由，斩了目瞪口呆的王垕，并传示各营，于是军心大振，一举击溃袁术。

真相 30　2018 年重庆高考作文题，考的是财务吗

每年的高考作文题都受到全民热议，2018 年重庆的高考作文题，尤其值得财务"老司机"来一篇应景作文。

先看题面给的材料。

"二战"期间，为了加强对战机的防护，英美军方调查了作战后幸存飞机上弹痕的分布，决定哪里弹痕多就加强哪里，然而统计学家沃德力排众议，指出更应该注意弹痕少的部位，因为这些部位受到重创的战机，很难有机会返航，而这部分数据被忽略了，事实证明，沃德是正确的。

要求：综合材料内容及含意，选好角度，确定立意，明确文体，自拟标题；不要套作，不得抄袭；不少于 800 字。

这道作文题简直就是为财务"老司机"量身定制的，下面我们从两个角度来完成这篇作文。

第一个角度：统计数字（或者说数据分析）常常是骗人的。

曾担任《经济学人》杂志驻美国中西部地区记者的查尔斯·惠伦写了一本有趣的书——《赤裸裸的统计学》，里面总结了一些极为有趣且有用的"黑真相"，比如：

（1）数学不能代替判断。用数据说谎容易，但是用数据说

出真相却很难。所以，需要时刻问自己："这是所有情况吗？"任何一种简化都会面临被滥用的危险。

（2）平均数、中位数、百分率、百分差、正态分布、标准差、方差、中位数，不等于真信息。要关注数据分布里的异常值对事实真相是起到扭曲作用，还是其重要的组成部分。

（3）所有指数均取决于其构成的描述性数据以及它们的权重。任何一丁点儿微小的变化，都有可能引起结果的改变。因此，最终得到的那个指数，既可能是一种情况不完美但有现实意义的结果，也可能是完全不合理的结果。

（4）只要是对一段时间内的数字变化进行比较，就肯定离不开一个起点和一个终点。但我们有时候能通过操纵这些点来影响信息的表达。

（5）相关关系并不等于因果关系。针对当年小布什政府对其减税政策效果的自我评价，《纽约时报》曾回怼过一句精辟的话："数据本身并没有撒谎，只不过有些数据没有发出声音罢了。"所以，沃德的这个案例告诉财务"老司机"，要努力寻找那些未能发出声音的运营数字，以平衡那些"噪声过大"的财务数字带来的向度干扰。我的老友、"财务共享第一人"陈虎有句名言："财务数据不过是企业运营数据集之中最小的子集。"所以，唯财务数据马首是瞻，恐怕有"盲人骑瞎马，夜半临深池"之忧。

第二个角度：对企业来说，哪些部位受到重创就会难以"返航"？

古龙小说里的阴谋发动者常常会杀人灭口，因为他们相信"死人是不会说话的"，而陆小凤和楚留香这种阴谋揭露者常常会仔细勘察尸体，因为他们相信"死人是会说话的"。

对于中国的企业而言，尽管企业家们经常大谈特谈危机感，但很少有企业真正有过濒死体验，而倒下的企业又失去了传播上的热度，其死因往往就会被遗忘。就当下的大型企业而言，目前能够导致其瞬间猝死的致命部位主要集中在资金链（这是头号死因）和合规风险上，成本上升、产业迭代、竞争加剧等都是慢性死因。警惕资金链的闪断已经成为企业的共识，无须赘述。中兴通讯的制裁危机凸显了合规风险的一击致命程度，期待引起更多企业家和财务"老司机"的高度警觉。

另外，资本市场监管风暴加大，以及中美贸易摩擦所引发的国内知识产权保护力度加强带来的全新合规风险，尤其值得大家给予前瞻性的关注和合理性的应对。如果国内取消对欺诈上市、知识产权侵权引发索赔的各种上限规定，那么一场官司击毙一家（或一批）企业就会成为常见现象。

真相 31　激情可以 all in，但资金需要"斗一守二"

2017 年夏天，在我组织的一场沙龙上，我与一位和阿里系颇有渊源的创业者进行了一场很有意思的对话，聊出了不少阿里巴巴创业历程中不为外人所知的 B 面故事。其中一则有关阿里巴巴如何烧钱的 B 面故事，蕴含着一条极为深刻的 all in 式创业者必须时刻牢记的财务常识——大部分现金储备都不是用来烧的。

这位和我对话的创业者，其天使投资人中有数位阿里巴巴的十八罗汉成员，他们告诉这位创业者，虽然老板在数不清的公开场合中都谈到"创业要 all in"，而且似乎也身体力行地声称"要投资 1000 亿元建达摩院""××项目根本不计短期回报，要连续 10 年每年投入 10 亿元"等，但实际上老板能 all in 的资金上限不会超过阿里巴巴可动用资金资源的 30%。其余的 70% 在哪里呢？都被 Joe 蔡（即传奇 CFO 蔡崇信）划到战略储备里去了，他不允许任何项目动用这部分资源，当然，也没人敢向 Joe 蔡要这些钱。

那么事关财务真相的核心问题来了——既然每次 all in 的时候最多只能带上 30% 的弹药，剩余的只能以某种"压舱石"的方式存在的资金资源是否未能充分发挥作用呢？

我曾看了一则关于"风控是什么"的故事，可以近乎完美地解答上述问题。

投资者问一位基金经理："风控是什么？"

这位基金经理反问："你走过大桥吗？"

"走过。"

"桥上有栏杆吗？"

"有。"

"你过桥的时候扶栏杆吗？"

"不扶。"

"那么，栏杆对你来说就没用了？"

"当然有用，没有栏杆护着，掉下去了怎么办？"

"可是你并没有扶栏杆啊！"

"……可是……可是没有栏杆，我会害怕！"

"风控就是桥上的栏杆！拥有了风控的保障，你交易时才会更踏实、更安全！"

阿里巴巴所处的互联网行业，各种创新和创业的失败风险都极高。因此确保整个团队在运营中全程都在高昂的斗志中冲刺，是具有决定性的管理艺术。除了经常抛头露面的那些创始人，Joe 蔡紧紧握着深不见底的战略储备也同样给予了阿里巴巴团队敢于挑战一切对手的信心。著名的法国元帅、"一战"时协约国总司令福煦曾经说过，在胜利的十万大军和失败的十万大军之间，唯一的区别就是信心。

事实上，阿里巴巴在资金分配策略上的这个财务真相，早在公元前4世纪就被著名军事家孙膑提出来了，这就是著名的"斗一守二"原则，即以1/3的兵力作为前锋与敌交战，以2/3的兵力作为后队待令而动。这也是迄今发现的全球范围内最早的关于预备队的理论。

所以，创业者们在动辄all in的狂热资本牌局中，一定要时刻冷静地提醒自己——真正走到最后的顶级玩家和人生赢家，从来都不会押上口袋里的最后一个铜板。唯一真正需要all in的，永远是激情，而非资金。

真相32 保本就意味着资金的安全性吗

几乎所有论及资金管理的文章或者演讲都强调"三性合一"，即收益性、流动性和安全性。不过，这三个资金管理的维度在实战中并不是均质化存在的，企业往往要根据自身资金运行的特点，力求在这三性之中寻求一个相对的平衡。因此，在现实当中，资金管理的"三性合一"恐怕在很大程度上又是一个"不可能三角"。

1999年，最早预言亚洲金融危机的美国麻省理工学院教授保罗·克鲁格曼在蒙代尔－弗莱明模型的基础上，结合对亚洲金融危机的实证分析，提出了著名的"不可能三角"。"不可能三角"的三个顶点分别表示资本自由流动、货币政策独立性和汇率稳定，这三者不能同时实现，最多只能同时实现其中的两个。

我曾经多次在财务实战研讨会议上询问与会嘉宾，如何权衡资金管理的收益性、流动性和安全性这三性的优先度，得到的现场反馈很有意思。我们不妨借鉴《论语》中"子贡问政"的场景来况喻资金管理这三性优先度的排序。

子贡问政。子曰："足食，足兵，民信之矣。"子贡曰："必不得已而去，于斯三者何先？"曰："去兵。"子贡曰："必不得已而去，于斯二者何先？"曰："去食。自古皆有死，民无信不立。"

孔子抛出的"信在食先"，实在是直指文明存在本质的诛心之论。而大多数财务同人在"子贡问政"式的排除法筛选中，普遍第一舍弃的是收益性，其次舍弃的是流动性，最后才是安全性。这在当下的经济周期中，实在是一个非常危险的认知误区。

第 3 章 财务高手养成初级阶段

我们先把目光拉回到亚洲金融危机爆发后，仅仅10年就再度爆发由美国次贷危机引发的全球性金融危机。这场2008年9月15日爆发的金融危机是以华尔街老炮儿、美国第四大投资银行雷曼兄弟倒闭为起始点的。但在之后雷曼兄弟破产重组债务清偿的过程中，由于债权价值一步步回升，有的债权人甚至收到了意想不到的"惊喜"，比如雷曼兄弟国际（LBIE）的债权人不仅得到了债权的全额赔偿，并且参与了雷曼兄弟国际资产复苏带来的额外盈余分配——清算后雷曼兄弟国际在支付完债务后惊现80亿英镑左右的盈余。是的，你没有看错，破产清偿后产生了巨额盈余。

那么，我们可不可以说，雷曼兄弟国际的资金安全性得到了保障呢？

所以，所谓资金的安全性，需要增加起码两个维度的前置条件才有现实意义，第一个维度是时间轴，即当你需要资金的时候是否能够及时调用；第二个维度是空间轴，即需要调用的资金数量是否能够覆盖运营活动最低限度的保障，简而言之就是要"够用"。

从这个意义上讲，资金管理从来就不存在所谓"三性合一"。"1块钱等于1块钱"的所谓安全性本身毫无现实意义，一来只要将收益性的波动空间扩展到负收益的区间，就足以覆盖安全性的指标；二来安全性这个伪指标的存在，极大地干扰了我们对流动性应有的重视程度。这方面令我印象十分深刻的是，在数年前我们组织的一次CFO沙龙上，东方证券时任首席经济学家邵宇的演讲标题就是"请为流动性支付更高溢价"。这句话值得当下所有中国公司的CEO和CFO铭记，任何不具备流动性的资产，事实上都无法保障它的安全性。

我们不妨重温一个对流动性有着极致追求的经典案例。

在丰田汽车公司逾千亿美元的资产中，常年有超过300亿美元是以现金的形式存在的。丰田顽固地储备巨额现金的做法在目之所及的周期内不会改变，即使丰田的海外投资者对此一直抱怨，认为这些现金应该有更好的用途。在丰田前董事长张富士夫看来，与福特对比一下便可以知道这种做法的好处。2000年夏天，福特有260亿美元的现金，它把其中的一半用于股票回购、股利分配以及收购，但很快就陷入现金短缺的窘境。

后来有日本经济学家专门给出了丰田巨额现金储备之谜的两个原因。

首先，日本企业的运作不像其他国家的企业那样受到财务方面的束缚。比如，任何有一定现金储备的美国公司都要面临股东的压力——将这些资金用于再投资、并购或者回购股票。所以，当丰田的外国竞争对手，如通用、福特等正在忙于建立全球性汽车联盟时，丰田却在将资金不断地注入萎靡不振的银行，或者投资于身陷困境的工业企业。

两种不同投资战略的结果截然相反。福特斥巨资欲挽救其在英国的汽车业务，但没有多大成效；通用对意大利菲亚特的大笔投资也没有收益。但丰田通过那些扭亏为盈的银行和工业企业积累了大量现金。

其次，当有了足够的现金储备后，丰田为其供应商带来了更大的回旋余地。因为，丰田资金雄厚，供应商不用担心它会用赊账的形式采购零部件。这样供应商就可以将更多资源用于精简业务、开发技术，而丰田又成了最终的受益者。

同时，丰田拥有业界最野心勃勃的产品计划。平均而言，它每月都会推出一个新车型。这是一个非常耗钱的工程，必须有大量的现金储备做支撑。由于坐拥巨额现金，丰田的资信评级也比竞争对手高出不少。

重要的事情说三遍：流动性第一，流动性第一，流动性第一。

真相33 德州扑克中的四条财务至理名言

近些年来国内创投圈流行一句话："不会玩德州扑克的VC/

PE[⊖]都不是好投资人。"这句话最大的依据莫过于传奇的华尔街明星基金经理彼得·林奇在演讲中多次提到投资人应该学习德州扑克,"华尔街的投资人,你们应该学习德州扑克,这里面的道理可以让你们受益终身"。彼得·林奇在出任麦哲伦基金的基金经理的13年间,整个基金的规模从2000万美元增长至140亿美元,基金的年平均复利报酬率达29.2%,这一战绩超过了"股神"巴菲特。

在我看来,彼得·林奇之所以如此推崇德州扑克,是因为它是一个典型资源稀缺模式下的投资决策沙盘游戏。对于企业财务负责人来说,很多德州扑克的游戏理念同样适用于企业投资管理的重大决策。针对CFO日常面临的决策情境,如下四条十分实用的德州扑克名言可作为做重大决策时的参考标尺。

1. 只要你不是最好的牌,就要认真思索对方下重注的理由

回溯改革开放40多年以来的企业创业史,我们很容易观察到"胆量"这个词在民营企业家的成功学中扮演着极其重要的角色。万达集团掌门人王健林曾经在一次公开的演讲中非常直白地表示"胆子大"是一个优良的传统。但它最终赋予了企业家十分好赌的个性,很多我采访过的CFO都很直白地表示,其实整个

[⊖] VC代表风险投资,PE代表私募股权投资。——编者注

公司最大的经营风险就是老板拍脑袋的决策风险。

随着市场竞争越来越激烈，以及产业链变得高度全球化，"胆子大"在市场竞争中所起的作用日渐衰退，取而代之的是更专业化的运营体系。下面我们从最近几年格局发生剧烈变化的电商领域来看。在拼多多于2015年9月上线的时候，京东正处于长期战略性亏损的最后一年。在2018年拼多多上市前的员工大会上，拼多多创始人黄峥就已经放言说，未来三年要在GMV（平台成交总额）上超过京东，最终拼多多比计划提前了整整两年完成对京东的极速超车。在此期间，正在努力追求盈利的京东对祭出补贴杀招的拼多多长时间选择性忽视，显然有养痈遗患之嫌。

没有任何一个企业会一直握有一把完美的牌。20世纪70年代，尽管摩托罗拉在PC芯片上拥有独步天下的超强优势，但最终也完败给了殊死一搏的英特尔。因此，CFO作为商战游戏中的"精算师"，要时刻警惕竞争对手的重注博弈，并将这种紧张感及时传递给老板乃至整个管理团队。

2. 多总结你输大钱的那些牌，比一直不停地打下去更重要

长期以来，国内企业乐于传播自己"过五关、斩六将"的英雄事迹，而鲜有对"走麦城"进行深刻反思的习惯。《中国企业家》杂志曾在世纪之交推出著名的"研究失败系列"，一度引发国内工商业界的巨大轰动,其中包括"史玉柱:大祸与大惑""飞龙总裁自省 20 大失误""铁血三株:过时的英雄""牟其中:还能走多远""爱多病"等众多响当当的案例。受此启发的吴晓波写出了《大败局》,一时成为国内企业家案头必备的畅销书。

但很可惜,在这些著名的失败案例中,除了史玉柱从巨人大厦的泥坑中悟出了"现金流远比盈利更重要"的真谛之外,其余的失败案例反思,均没有带给这些企业家东山再起的机会。这句德州扑克名言中的后半句,堪称传神之笔。玩德州扑克与玩其他牌戏最大的区别就是,要学会享受放弃的乐趣。中国企业家大多属于典型的机会主义者,而中国这一蓬勃发展的经济体提供了不停喷涌出各种商业机会的营商环境,因此如何能让企业家不要"一直不停地打下去",是比单纯反思失败更重要的事情。

3. 唯一比凶猛对手更可怕的,是你错误的打牌方法

诺基亚前 CEO 约玛·奥利拉在记者招待会上公布同意微软收购诺基亚时神色黯然地说了一句话:"我们并没有做错什么,但不知为什么,我们输了。"一语既出,连同他在内的几十名诺基亚高管不禁潸然泪下。

要知道,诺基亚在研发、运营、产品、资金等诸多环节都做到了几乎无懈可击的地步,但最终败在了 iPhone 强大的市场引

领能力之下。管理学者克里斯坦森在他那本成名作《创新者的窘境》中直言，很多企业的失败并非因为管理不善、傲慢自大或决策失误，反而是因为过于注重客户当下的需求，导致创新能力下降，从而无法开拓新市场。

所以CFO应该时刻让管理层以乔布斯的那句"stay hungry, stay foolish"（保持饥饿，保持愚蠢）自省，改正自身在市场竞争"牌戏"中的错误。

4. 沉闷地赢钱总比畅快地输钱要好，这也是高手不停弃牌的原因

大约10年前，我去拜访一位长江商学院的同班同学，他创立了一家著名的文具公司。我当时有几个自认为很精彩的创业点子，迫不及待地要和这位同学分享。我们在他的办公室里喝茶，他听了我的这些创业点子之后，并没有急于表达意见，而是给我讲了他自己创业的故事，从机缘巧合进入文具这一行业，到深深喜欢上这个行业，并致力于打造全球最好的文具公司。这位同学说，在这一过程中，由于他的资金一直很充裕，而且有着极佳的品牌效应，因此经常有各种关系找来，说想一起联合开发房地产，但他从不为之所动。他给出的理由让我至今记忆犹新："我的能力、见识都算不上国内顶级的，能有今天这样的成就，在很大程度上

是因为勤奋，当然还有老天爷给的机遇。我自认为没有多余的能力再去做好第二件事，因此，所有这些合作的提议我一概拒绝。"

如今这位同学的公司市值已经超过500亿元人民币，这个体量甚至可以跻身国内上市房企市值排行榜的前20名。不过，从"外行看热闹"的那些泛财经传媒的视角来看，这家文具公司一向缺乏刺激性的故事，只知道闷头做文具，甚至连上市以来仅有的两次并购也是聚焦在文具领域，这种打法可真是堪称"沉闷地赢钱"。反观同行业中原本与之并驾齐驱的另一家著名的上市公司，从2015年以来以"大办公"概念为轴畅快地"狂撒"10.45亿元大力并购，先后进入在线印刷、云计算服务、客户关系管理、财税SaaS等细分领域，不过其中多个项目并购后的业绩差强人意，反而成为主业的拖累，如今它的市值已经远远落后于我这位同学的公司。

财务的真相其实很简单。说到底，还是要拿盈利数字说话，热闹是给外行看的，赚钱才是硬核门道。

真相34　始终假设你刚拿到的
　　　　融资是最后一笔融资

2020年1月，《哈佛商业评论》的微信公众号发表了一篇名为"乐观的 CEO + 悲观的 CFO，结果出人意料"的研究性文章。这篇文章指出，悲观的 CFO 与乐观的 CEO 的组合，能够最大限度提升并购的成功概率，并提出"乐观的英雄需要悲观的伙伴"这一观点。

很可惜，这篇研究性文章没有向认知层面深挖下去，这样简单的结论很容易引发似是而非的混淆。阿里·德赫斯所著的《长寿公司》中提到的四大长寿基因就包含"保守的财务策略"。

在这里我们谈到的"悲观"，完全是认知策略层面上的，即防御性悲观。防御性悲观的概念由社会心理学家南茜·康托尔（Nancy Cantor）于 20 世纪 80 年代中期提出，指一个人在引发焦虑的事件发生前所采取的认知防御策略。换句话说，人们会在事件发生前，将期待降到比较低的水平，想象出最坏的可能情境——这看起来让人担心，但它不是一种消极的自证预言。当一个人处于防御性悲观情绪时，他的情绪是冷静的，他知道这只是数种可能性中最坏的一种，并不是唯一和注定的结局。这种防御性悲观也是为了降低最坏可能发生的概率，以及当真的发生了最坏的情况，能更好地面对和有条不紊地处理。研究显示，防御性悲观主义者最后并没有消极表现，也没有比那些乐观主义的人情绪糟糕，这种思维不仅帮助他们取得成功，还往往能带来一些意想不到的回报。

实际上，众所周知的两大IT教父史蒂夫·乔布斯和比尔·盖茨都是著名的防御性悲观主义者。乔布斯在他YouTube上播放量高达3500万次的2005年哈佛毕业典礼上的演讲中，专门提到了"把生命中的每一天都当作最后一天来过"的自我修炼法门。盖茨喊出"微软距离破产永远只有18个月"的著名警示，也由来已久。苹果和微软这两家在IT创新领域"相爱相杀"数十年的公司，在防御性悲观上倒是惊人的一致。

如果把防御性悲观应用到国内的企业财务领域，首先应该聚焦在资金链层面上。因此，我在这里提出的观点——"始终假设你刚拿到的融资是最后一笔融资"，就是一个比较直接而简单易行的应用。原因很简单，其一，资金链断裂向来是国内民企倒闭的头号元凶；其二，民企债权融资的环境艰难险恶，相信厕身其中的财务人和老板都有一肚子苦水；其三，这些年下来，风险投资与私募机构的钱从"大撒币"到"烫手"，已经越来越为众多创业者认识到。因此，资金管理层面的防御性悲观是中国民企的必修课。

乔布斯通过"把生命中的每一天都当作最后一天来过"的防御性悲观，来重构公司决策层"待办事项清单"（to do list）的做法很值得借鉴。CFO可以借助"始终假设你刚拿到的融资是最后一笔融资"这一防御性悲观工具，来重新审视现有的资金计划,将每一笔重大支出的必要性和紧迫性置于"始终假设你刚拿到的融资是最后一笔融资"这一情境之中,复盘推演,一方面避免时下花光资金无奈关门的创业悲剧上演,另一方面找到真正值得 all in 的业务增长方向。

作为创业公司的典范,Facebook 前 CFO 戴维·埃博斯曼在 2015 年的一次采访中明确表示:"大型公司的 CFO 有必要怀揣一些悲观情绪,例如思考我们的投资可能出现哪些问题,并对业务上花的每一分钱都保持质疑精神。"

除了业务运转的正常需求,账上保持现金充裕给整个企业所带来的心理暗示作用也不可小觑。

网络上曾流传一个关于穿越沙漠的故事:一支由八名队员组成的探险队负重徒步穿越撒哈拉沙漠,数日之后,这八名队员每个人的生活物资都只剩下一小瓶水,然而天气十分炎热,但此时距离目的地仅剩下区区数公里。最终只有三名队员不依靠外部援助顺利到达了目的地,令人震惊的是,此时他们的那一小瓶水仍还有剩余,而其他五名队员求助了外援,外援到达时发现他们的水无一例外全喝光了。有趣的是,事后研究发现,三名顺利完成穿越的队员中有两名是悲观主义者,另外一名是乐观主义者,而其他未能完成穿越的五名队员都是乐观主义者。

原来,在距离目的地还有几公里时,那五名最终未能完成穿越的队员选择了停下来休息一会儿,并在盲目乐观的预期之下喝光了最后一瓶水,而其他完成穿越的三名队员没有停下来休息,仍然按照既定的计划负重前行和适当补水。

　　所以,防御性悲观预期带来的结果反而不是消极的,而是可以让一个组织产生最大限度的斗志,正所谓"做最坏的打算,而付出最好的努力"。

| 第 4 章 |

财务高手养成高级阶段

真相 35　给你一分钟，给老板讲明白三张表

自 2005 年创办《首席财务官》杂志以来，我几乎无时无刻不在听到关于业务和财务之间如何进行有效沟通的讨论。不过，这其中倒是有一个基本的规律可循，即优秀的 CFO 可以运用自身的沟通能力与影响力，来水滴石穿般地影响甚至在某种程度上引领业务的运作。

在过去 15 年的 CFO 采访生涯中，有两个关于 CFO 沟通能

力的小故事始终让我记忆犹新，或许对于广大财务朋友来说，会有拨云见日之感。

第一个小故事发生在我们在 2014 年 3 月组织的一次 CFO 研讨沙龙上。当时我们邀请到的主讲嘉宾是时任中国动漫集团总会计师胡月明先生。胡月明的开场白是整场演讲的最大亮点，他回忆了第一次在中国动漫集团组织高层财务培训的故事。当时中国动漫集团刚刚组建不久，出任首任董事长的是给唐老鸭和孙悟空配音的著名配音演员李扬，当时领导班子的主要成员以动画领域的艺术家为主。李扬觉得高管层应该具备起码的财报解读能力，因此找到胡月明，让他组织一场针对高管层的财务报表基础分析的讲座。胡月明非常重视这次培训，专门邀请了一位业内顶级教授来做这次培训。然而，当这位教授按照常规方式讲解财务报表基础分析的时候，中国动漫集团高管层的老艺术家全听糊涂了，既搞不清借和贷，也弄不明白各个会计科目是怎么回事儿。

课间休息的时候，李扬把胡月明叫到一旁，把大家对这次培训的不满反馈给他。胡月明想了想，先叫停了这位教授的培训，然后登台亲自当起了讲师。胡月明一开场就说："刚才教授是把各位领导当成对财务有比较深理解的人，所以讲得比较详细，其实只需要花一分钟时间大家就可以大致搞清楚三张表的性质和作用。首先是资产负债表,我们把它叫作底子,相当于一个家的家底;其次是利润表,我们把它叫作面子,大家都喜欢有利润的公司,混得好的人到哪儿都有面子;最后是现金流量表,我们把它叫作日子,每个家庭每天都在过日子,如果没有现金,日子就没办法过下去了。所以,我们该怎么看待这三张表呢?那就是打好底子,扮好面子,过好日子。"

这些老艺术家听到这里集体鼓掌,纷纷表示听明白了。

第二个小故事发生在十多年前中国神华下属担任运煤专线的朔黄铁路。当时中国神华总部领导层到朔黄铁路做深度调研,其中一个关键的调研内容是听取朔黄铁路与已经上市的著名运煤专线大秦铁路的对标分析。结果,当时负责这一环节的一位朔黄铁路财务高管把这个汇报给搞砸了,他拿着朔黄铁路和大秦铁路的财务报表逐个会计科目进行比对分析。来调研的中国神华领导全被搞糊涂了,拍桌子质问:"我们就想知道朔黄铁路和大秦铁路相比,运营效率怎么样?"负责调研安排的朔黄铁路领导不得已赶紧喊来口才出众的张克慧紧急接管这个汇报环节。张克慧本科学的是中文,之后又学了MBA,不仅非常清楚决策层对财报信息的需求,而且能够运用非常形象的语言将其恰如其分地表达出来,最终圆满地完成了汇报,并给中国神华的领导留下了深刻的印象。不久以后张克慧就出任了朔黄铁路的财务负责人，再往后升任了中国神华 CFO，并在任上完成 A+H 上市等一系列重大里程碑项目，成为国内顶级 CFO 阶层的标志性人物。

上面两个故事告诉我们，财务负责人与公司管理层的有效沟通有多重要。在日常的工作场景中，CEO 与 CFO 的一对一交流是极为常见又非常关键的。对于 CFO 而言，在与 CEO 的对话中，如何准确地"听懂"CEO 提出的问题，又如何恰如其分地"说出"自己的答案和建议呢？我曾经在"CFO 与 CEO 的六大关系"这一文章中专门研究过两者之间"听与说的关系"。

这其中，首要的就是沟通的姿态。

以一部《我与你》对现代对话理论研究做出了巨大贡献的犹太哲学家马丁·布伯（Martin Buber）强调，真正的对话是"转向他人"的交流。这并非指一个人身体的转向，而是指带着自己的心灵和探寻，甚至带着疑问和惶惑，带着尊敬和自我尊敬，倾听他人的意见，发表自己的看法。在对话中，我们既理解了他人，也重新理解了我们自己。如果没有这种正常的对话心理，交流就会沦为独白。布伯极力反对的正是这种缺少对话精神的独白式传播。这一思想表明，与对话相对立的"独白"并非真正意义上的人际交流。"独白"是围绕自我来建立世界的中心。独白者过分强调自我，无视与己不同者的存在，不管他人感觉或反应如何。财务是一个有着自己行当语言体系的专业领域，先天存在着围绕自我来建立沟通语境的背景，因此，在这种情况下一定要学会"转向业务"去倾听。

其次是累积声誉。

CFO 在沟通中要重视自己的表达如何才能令 CEO 更信服，从人际的角度而言，这更取决于 CFO 日常的声誉积累。有研究表明，决策者经常听从有良好声誉者的建议，著名管理学家明茨伯格非常赞同这一做法："我发现 CEO 经常会面临复杂的选择。他们需要考虑每项决策对其他决策的影响，而这些决策都对组织的战略有影响。他们需要保证，这些决策可以被能够影响组织的人接受，并要保证这些决策不会耗用过多的资源。他们还必须清楚有关建议的可行性，以及相应的成本和收益，并考虑时间问题。对于是否采纳另一个人的建议，也是必须考虑的。然而，与此同时，决策的延误将会耗费时间。快速地批准可能会导致考虑不周，而迅速地拒绝可能会影响下属的情绪，因为下属可能为提出这项建议花费了数月的时间。审核和批准建议的一个常用方法，就是同意人而不是建议。也就是说，对于信赖的人提出的建议，管理者就予以批准。"

真相 36　警惕合同的风险敞口！一笔好生意是怎么赔掉 6000 万元的

在我采访 CFO 的 15 年生涯里，除了见诸杂志的那些文字之外，其实我手头还堆积着大量因种种原因不便刊发的素材。一来，由于 CFO 角色的特殊性，他们不希望过往财务管理上的失败案例影响公司的整体形象；二来，CFO 毕竟不是 CEO，有的素材不可避免地涉及了对老板的评判，最终也只能忍痛割爱。但是，这些素材往往比刊发的那些故事更富有启发意义。

下面就是其中一例。

2006 年年初，某国内创立不久的民营汽车公司经过艰难的谈判，击败了多家韩国车企，拿下了一个出口巴西市场 5000 辆汽车的订单。整个公司欢呼雀跃，这个订单对于这家正处于艰难爬坡阶段的车企来说，无异于一场及时雨。最棒的是，整个订单即便用最保守的要素条件测算，也有超过 1 亿元的销售毛利。整个公司都在加班加点赶工生产，以确保订单及时交付，然而就在准备交付这批汽车时，意外出现了。这个订单签署时约定的是到岸价，也就是说还需要这家车企负担海运的费用。这家车企在寻找海运服务商时才惊讶地发现，几乎整个国际汽车滚装船海运市场都垄断在日本油船、川崎汽船、现代运输等日韩航运企业手

第4章 财务高手养成高级阶段

里,而这些航运企业不仅和这家车企致力于击败的那些日韩车企有着千丝万缕的资本关系,而且普遍与这些车企签有长期的战略协议,这些车企可以拿到非常低的海运价格。

"当时的国内航运企业根本没有涉足汽车滚装船业务,我们整个的海运谈判过程都十分被动。直到那一时刻我们才发现,汽车产业的全球利益链是一个极其复杂的链条。虽然我们凭着勇气、拼劲和创新精神闯出来一条血路,但是回头看看,这些代价有时候完全是可以避免的。"这家车企时任CFO已经足够优秀了,令他无比痛心的是,这个销售利润看上去非常丰厚的订单,最终在严苛的交货期限面前,所有利润都被日韩系航运企业吞噬了。事后复盘得出的最终结果是,这个订单带来的是账面亏损了6000万元。

当然,学费不能白交。这个CFO从这个订单入手,推动整个公司上下对合同的风险敞口建立管理意识。如今这家车企已经成为国内举足轻重的自主品牌巨头,在全球汽车业版图上都占据了一席之地。

大体来说,对合同的风险敞口管理,可以多参照金融领域比较成熟的知识框架。这里就不赘述了。在财务实战中,财务同人要额外注意合同里的那些交易要素在时间轴和空间轴上可能存在的风险敞口,并想办法予以约束。比如,外汇套期保值就是一个典型的在时间轴上管理风险敞口的方式。钢铁企业在铁矿石方面和航空企业在燃油方面所做的套期保值动作也是一样的。上述这个汽车订单的案例，就是在空间轴上忽略了价值移动时面临的风险敞口。一方面财务体系要帮助业务部门签署一个完美的合同（就是尽量关闭风险敞口），另一方面充分利用市场上的各种技术工具来进行对冲，甚至包括各种保险工具。事实上，国内保险业在企业端的业务拓展上一直未能取得重大突破，也和国内企业往往忽略运营中的大量风险敞口有很大关系。

真相 37 为什么中海油没你想的那么关心汇率变化

曾经有一个财务同人问我："你采访过那么多的 CFO，哪一个给你留下的印象最深？"

这看似是个非常难回答的问题，因为这些年来登上《首席财务官》杂志封面的顶级 CFO 可谓珠玑满盘，职场佼佼者如接任阿里巴巴 CEO 的张勇（时任淘宝 COO 兼 CFO），公司赫赫者如谷歌前 CFO 帕特里克·皮切特（他还是个跳街舞的好手），但我第一时间反应出来的答案却是时任中海油 CFO 杨华（后来杨华升任中海油董事长，成为 CFO 变身 CEO 的又一典范）。原

第 4 章 财务高手养成高级阶段

因很简单,因为杨华采访现场的细节丰富性之高,令我终身难忘。

令我记忆尤深的是杨华对日常工作时间的分配。在杨华的时间表上,投资者关系管理占到了 25%,为各项工作中用时最多的。显然,这和中海油资本驱动型的业务形态是高度匹配的。但令我意外的是,汇率风险管理并未在杨华的时间表上占据醒目的位置。我采访杨华的时候,正是人民币汇率从固定汇率变为浮动汇率的第二年,大部分有海外业务的 CFO 对汇率的变化还处于强烈不适应的状态,需要拿出相当大的精力来应对。

杨华对汇率风险的理解,给我上了一课。杨华首先给出了一个指标——风险的波幅。从美元兑人民币的汇率波幅来看,每年百分之二三十就已经相当可观了;但从中海油的主营业务石油的价格波幅来看,每年从最低点到最高点的波幅经常超过 200%。谈及此处,杨华把左手虎口张至最大,右手虎口捏得很小放在左手虎口里:"汇率风险的波幅完全被石油价格风险的波幅所吞噬,对于我们而言,把握住石油价格的高点所带来的收益远远超过汇率风险。此外,由于中海油有大量的海外采购,这样,相当比例的海外美元收入直接被支付掉了。所以这更加降低了我右手汇率的波幅空间。"

在那一刹那,我看到了一个财务高手在洞悉业务真相后出手的老辣。你的时间用在哪里，你的收获就在哪里。所有的风险管理理论，在那一刹那都敌不过杨华这两只手比画的波幅对比。任何一家企业都没办法应对所有的风险，对于CFO来说，确保波幅靠前的那几个风险因子得到强有力的遏制，显然是收效最显著的方式。

我们从风险波幅的视角来观察不同行业，会得出完全不一样的结果。比如，为什么银行对不良贷款的容错比例如此挑剔？因为银行业天然的高杠杆率使得其只有12%的本金，无法承受过高规模的坏账。换言之，高杠杆率也相应带来了低风险容错能力。再比如，为什么从沃尔玛到Costco，零售业一直以来都扮演着成本杀手的角色？山姆·沃尔顿创立沃尔玛时，美国零售业需要将毛利率保持在45%以上才能赚钱，所以沃尔玛把22.5%的毛利率作为定位标准，击败了所有竞争对手。后来居上的Costco过去20年的综合毛利率始终为10%～11%，其颠覆性的商业模式设计在于盈利主要来自会员费收入。如今零售业毛利波幅决定了其在成本管理上必然锱铢必较，它绝不允许成本的波幅超过其毛利的波幅。

所以，财务不是一个追求匀速运动的领域，而是应该典型地遵循二八原则，正所谓"将军赶路，不追小兔"。

真相38　警惕财务报表里的那些"褒义词"

2018年暑假期间，我帮儿子整理他小学时的学习材料，刚巧看到很多褒义词、贬义词、近义词、反义词之类的习题，不禁莞尔。想来，我们也是从小到大被这样的习题反复训练出了一套格式化表达方式。

当然，成年人的世界不再相信简单的好与坏的二分法。有句网红名言残酷地揭穿了其中的游戏规则：小孩子才分对错，大人只讲利益。如果用这个逻辑来观照财务世界的话，我们就会发现中性才是它运行的常态。如果试图运用褒义词和贬义词来描述会计科目，很大程度上就会使自身陷入预设立场后形成的财务视差，结果会导致一系列根本性的误判。

比如，资产负债率的高低。

外行人从直观的第一印象来看，似乎资产负债率低是褒义词，但是如果将这个条件代入具体的业务场景中，也许会得到一个不一样的答案。

假设在中国地产业黄金10年的起点上，A上市公司资产负债率为90%但手握大量土地储备，而B上市公司虽然资产负债率为50%但土地储备严重不足，我猜基金经理大概率会赞美B公司财务稳健，却奋不顾身地全仓"杀"入A公司。

再比如，净利润的多寡。

这似乎是一个没有任何争议的科目，但它同样需要代入具体业务场景中去深入观察，否则一样会形成严重的财务视差。假设A、B是两家在市场上竞争地位相似、盈利水平相当的医药公司，如果A公司开始大幅度削减研发投入，那么它的净利润很有可能在1～3年内大幅超过B公司，进而营造出A公司获利能力远高于B公司的幻象。但是一旦B公司的研发取得突破性成果，研发出获利能力超强的新药，A公司就会受到失去未来的严厉惩罚。

不要以为这只是简单的纸上推演，美国有多位管理学者早在20多年前就发现了，相当数量的上市公司CEO在退休离任的前两年大幅削减研发费用，以推动公司股价处于高位，进而方便自己在高位套现。这样的操作也导致了新任CEO在接手公司的前几年只能大幅追加研发成本，以弥补前任留下的巨坑，还会给大家留下继任者远不如前任的印象，比如曾经号称"全球头号经理人"的杰克·韦尔奇和其继任者伊梅尔特。

从这个角度来说，伊梅尔特很可能是一位被市场大大低估了的世界级CEO。

当试着脱离褒义词和贬义词的狭隘视角，去观察一个充满中性词、更真实的财务世界时，我们会发现更多管理的可塑性、业务的可变性以及竞争力的弹性。

再比如，供应链成本的高低。

全球领先的制造业巨头，无一例外都在漫长的竞争中建立起了和自身业务高度适配的供应链生态系统，价格往往并不是这个系统中最重要的因素。这是国内制造业急需补上的一课。某千亿规模家电巨头一向在供应链上以不遗余力地压榨上下游而恶名昭彰，其产品质量也往往与其努力塑造的品牌形象相去甚远。我们很难相信，这样的理念催生出来的供应链生态系统有足够的业务弹性，来支持它熬过当下刚刚开始的经济下行周期。

总之，不要轻易相信财报里的那些褒义词。认真，你才不会输。

真相 39　费控大多时候是龙套，战略成本才是角儿

日常财务场景中存在着一个凭证悖论，即凭证量大、发生频率高的费用项，往往对公司利润表的影响微乎其微。

中国神华前 CFO 张克慧曾经讲过一句颇耐人寻味的话，大意是，中国神华的战略成本主要发生在买矿、探矿和采矿等上游环节。

过去数年，国资企业监管政策的诸多变化，使很多企业大量的财务工作时间浪费在类似"一等座还是二等座"上，而对真正能大幅影响企业利润的战略成本形态及其变化反而失去了深入挖掘的动力。从所有者权益的角度来说，这是非常不明智的行为。

张克慧在担任中国神华CFO期间，曾经打造过一个非常完美的战略成本管理案例。2008年，全球金融危机的冲击尚未退去，张克慧组织团队拟定了中国神华"双增双节"的纲要，目的是增收节流。这个纲要在2009年第一天正式下发，内容涵盖10个方面，有整整100条，涉及公司整个经营活动。张克慧将这次战略成本管理的行动命名为"双增双节"，虽然"增产节约、增收节支"是个不折不扣的老词儿，但整个行动无论在深度上还是在广度上都颇富新意。张克慧认为，所谓战略成本管理，就是把成本要素和企业所有的价值创造环节紧密地结合起来。在张克慧看来，成本管理实际上分为战略层面、生产组织层面和管理层面，如果不控制前两个层面，企业的总体成本是不可能得到有效控制的。

通常，采掘业的成本结构中60%是战略成本，25%是生产组织运营成本。管理成本在总成本中是绝对的小头，因此张克慧才有了那句——"如果这些环节能够压缩1%的成本，那么省出来的钱足够中国神华所有员工出差坐头等舱,还绰绰有余"。正是由于成本管控力度向价值链上游移动,从战略层面、生产组织层面开始进行成本控制,这项"双增双节"活动的效果才非常明显,中国神华增收节支超过 100 亿元,影响当期利润近 60 亿元。中国神华在 2009 年年报中披露的净利润是 302.76 亿元,同比增长 16.63%。这样来看,"双增双节"给中国神华利润表带来的正向影响大约在 20%,如果没有这项行动,很可能当年就无法取得如此幅度的同比增长了。

除了部分服务业之外,管理费用的确很难成为战略成本管理所关注的领域。好消息是,当下不断出现的一些费控管理系统,从解放财务部门时间的角度,已经非常值得推广了。换言之,对企业更有价值的部分在于,这些费控管理系统在全员易用性和自动化程度等多方面,大幅度释放了财务团队可用于解决战略成本问题的时间。

根据"不值得定律",即"一件事情不值得做,就不值得好好做",费控是个费力又不出活儿的"跑龙套"角色,把它交给自动化和智能化不断提升的系统,绝对是一个明智的决策。这样财务团队可以腾出更多的时间,来踏踏实实地伺候好战略成本这个"角儿"。

真相 40 听说你的管理会计是和会计学教授学的

这一节恐怕是整本书里最容易招黑的一节了。

我在主编《首席财务官》杂志的这十几年里，最令我头疼的就是难以约到高水准的财务领域的学术类文章。我是指绝对不出现"会计"两个字的、纯粹谈财务管理的学术性文章。原因其实很简单，截至目前，国内企业在管理会计方面的实践案例积累，远远不足以养活一个庞大的教学与学术群体。

这需要时间。起码需要一个完整的繁荣与萧条更替周期，来淬炼那些似是而非的管理会计理念。一定要警惕那些没有亲身经历过严重衰退的会计学教授讲述给你的那些他自己都没有深刻体悟的管理会计知识。

但现实又是极其冷酷的。

我在十年前读长江商学院 EMBA 时，我们这一届的管理会计课是长江商学院创院院长项兵讲授的。很少有人知道，以演讲观点犀利著称的项兵院长是不折不扣的加拿大阿尔伯塔大学会计学博士。从个人的听课感受来说，项兵院长的管理会计课教的还是很扎实的，尽管还是有些偏"会计"。让我惊讶的是，平时项兵院长做"从月球看地球"演讲时教室内座无虚席，而这两天

第4章 财务高手养成高级阶段

的管理会计课上却空了很多座位。相当数量的同学在教室外面喝茶，课间休息的时候我好奇地问大家为什么不听课，要知道我们每天的课程从学费上折算可是价值上万元的。我得到的回答很奇葩："我管这么大的企业，咋还能亲自管理会计呢，都是我的财务总监在管。"敢情这些企业家把管理会计理解为动名词结构了。我问他们"你们想听经营分析与决策吗"，得到的回答是一致的——"想"。

如果把"管理会计"这个学科在国内更名为"经营分析与决策"的话，那么毫无疑问，会计领域的官、产、学、研等诸多山头，无一例外地会丧失对这个领域的控制权。但好消息是，这一领域从这一刻便开始爬出泥潭，一步步走上康庄大道。

实务界对此的认知是异常清晰的。

数年前，我曾在一个小型聚会上偶然结识了某国家级监管机构的时任首席会计师，同时还有某政策性开发银行的财务高管，席间我们一致对当下国内的管理会计热潮表示不看好，尤其对从会计这个口径发力推广觉得莫名其妙。席间，这位实务经验极其丰富的首席会计师讲了一个她亲身经历的小故事，来嘲笑上面这种"驴唇不对马嘴"的行为。这位首席会计师曾留学海外多年，最初国外导师看学生背景的时候，看到她修过"西方经济学"这门课，大感不解："难道还有东方经济学？南方经济学？北方经济学?"

我曾经在 2014 年年初参加在广东惠州 TCL 总部召开的全集团财务经理人大会。在这个会上,时任 TCL 集团 CFO 黄旭斌照例颁出一系列内部奖励,其中最引人注目的几项大奖仍然来自具体而微的管理会计项目,包括"送修机的闭环管理""业务员毛利润管理""财务指标预警系统"等。黄旭斌在会上提到:"通过前面三年的实践积累,我们去年试行了 TCL 内部的第一份管理会计准则,其目的也是希望能将财务之于业务的管理职能标准化、流程化以及常态化。"我后来将黄旭斌人物专访文章命名为"小财大用",当时还和他就这个题目做了一番探讨,我认为 TCL 在管理会计领域的探索最值得推崇的不是空洞的大道理,而是着眼于实务领域的财务管理创新。黄旭斌对我的这个观点完全赞同,后来他自己做了一个微信公众号,专门写自己这些年的财务心得,这个公众号就叫"小材大做",原本想叫"小财大用",可惜这个名字已经被人注册了。

没有源源不断地实践"小财",何来学术界的理论"大用"?

真相 41　论做运营分析报告的专业范儿

早前我曾在微信朋友圈里看到郭德纲的一段颇为有趣的调

第4章 财务高手养成高级阶段

侃,内容大致是这样的:"一个徒弟和一位评书观众就有关表演的问题争吵起来。他气哼哼地让我评理。我告诉他:第一,去给人家道歉,要尊重观众;第二,要自责,专业人士和外行掰扯专业问题,这是最大的外行行为。比如,我面对一个研究宇宙飞船的专家,我说飞船的发射需要用火柴点报纸,然后放劈柴再放煤球。这个时候,哪怕对方看我一眼都算他输了……"

当然,这段话里有很多逻辑漏洞。比如,演员和观众在表演问题上的争论,从基本立场上就不能套用专业人士与外行的定位,而应更多地参考生产者与消费者之间的关系。用那句万能的网络回怼神句来说就是——"我评价个冰箱,还得自己会制冷啊!"顺着这个逻辑来看,当郭德纲面对一个研究宇宙飞船的专家时,首先要确定的是他是以什么角色来面对这位专家的。如果是不相干的路人甲,郭德纲上面的观点没毛病,这位专家百分之百不会搭理他。但如果郭德纲要花钱包下这位专家研究的宇宙飞船到外太空做相声巡演,那么这位专家必须详细且深入浅出地给他讲明白其宇宙飞船的点火方式、安全系数、舒适程度、注意事项等,无论郭德纲提出多么外行的问题,他都必须一一解答。这是最基本的商业逻辑,与外行不外行没有关系。

与之类似,会计在国内作为一个专业度同样很高的领域,在内外部沟通场景中需要无数次面对"准备用报纸给宇宙飞船点火"

的外行，是否心里也时常会涌起郭德纲所说的"专业人士和外行掰扯专业问题，这是最大的外行行为"这样的感叹呢？

现在是时候把本节中的第二个主角乔峰请出来了。

若论武学修为的专业性，乔峰在金庸群侠中绝对算得上是顶尖的几个人之一。与大多数以灵药、奇遇为主要通关手段的段誉、虚竹、郭靖、杨过、令狐冲、独孤求败、张无忌等不同的是，天纵奇才的乔峰完全是以名师体系、自身悟性和刻苦训练打底，在正道上一步步成为一代大侠的。在其江湖生涯最凶险的聚贤庄一战中，面对少林寺玄难、玄寂两位大师的殊死夹攻，乔峰使出的却是有宋一代江湖中人个个都会的太祖长拳。每一招、每一式，人人皆知，却无从抵御。所谓专业性的最高境界，大抵如此吧。

那么问题来了。一直被组织内部视为专业属性超高的CFO，作为技术官僚，在经营分析会、投资者见面会等重要场合，如何与对会计一窍不通的经营信息使用者相谈甚欢呢？或许乔峰的太祖长拳是一个不错的启示。用人人都懂的最简洁的语言，表述你直指问题本质的专业意见，这才是真正的专业功力。

当不与外行讨论专业问题的郭德纲给CEO乔峰做财务分析报告时会发生什么？其实不用问了，第一时间就是一记力道十足的"亢龙有悔"拍过去，然后冷静下来的乔峰会叫神医薛鹊把他救回来，再然后降龙十八掌一掌掌地——拍！过！去！

难道一开口就让外行听不明白的，就是所谓的专业？

真相 42　如果福尔摩斯搞管理会计的话……

某民企 CFO 老王拿着行业主管部门下发的《管理会计基本指引》文件，兴冲冲地敲开了老板办公室的门，说："老大，这上面说财务要转型，要搞管理会计运动啦！"

老板如堕五里雾中，硬着头皮看完文件，抬头问老王："这文件你看过没？具体咋干？"

老王一脸茫然地回答："看了好几十遍，不知道咋干。上面没写。"

老板不悦，把文件摔给老王："数数这文件有多少个字？"

老王忐忑数完："2398 个字。"

老板说："你用一句话告诉我，管理会计是干啥的？"

老王挠头思索一阵，说："发现真相，解决问题。"

"到现在为止，你所知道的人里面，谁干'发现真相，解决问题'这个活儿干得最漂亮？别往会计堆儿里想！"老板脸色稍缓和地问道。

"福尔摩斯。"老王答道。

"放你一周假，回家去看《福尔摩斯探案集》，上班后告诉我你悟到了什么，以及管理会计该咋干。"老板摆手让老王出去。

于是，莫名其妙的老王回家挑灯夜读《福尔摩斯探案集》。老王果然渐有所悟，并认真地做了很多读书笔记。令老王印象最深刻的是，福尔摩斯第一次见到华生时用神奇的基本演绎法完成瞬间推理，一下子就征服了这个好帮手。

让我们来看看，福尔摩斯如何在瞬间了解华生是从阿富汗来的："我的思路是这样的：这位先生有行医的特征，又有军人的气质，所以他显然是名军医。他刚从热带地区回来，因为他脸色黝黑，但他手腕那里白皙的肤色又说明那黝黑的脸色并非本来的肤色。他面容憔悴，说明他吃了很多苦，受过病痛的折磨。他的左臂受过伤，现在还显得僵硬不便。一位英国军医可能会在什么热带地方吃尽苦头而且肩膀受过伤呢？显然是阿富汗。这一连串的思考过程不过一秒钟，然后我就说你是从阿富汗来的。"

当福尔摩斯省略掉演绎过程直接丢出结论，他瞬间就俘获了华生这个终身迷弟的心。

一周后，老王到老板办公室复命。

老板问道："悟到什么了吗？"

老王答道："悟到很多。我给您讲个福尔摩斯的段子吧。这不是书里面的故事，但我认为它完美解释了管理会计该怎么干的问题。"

这个段子是这样的:

福尔摩斯和华生带着帐篷去野营。睡到半夜的时候,福尔摩斯推醒华生:"华生,向天上看,告诉我你看到了什么。"

"我看到了几百万颗星星。"华生回答。

"好,这让你明白了什么?"

华生思考了几分钟后说:"从天文学的角度讲,它告诉我天上有几百万颗恒星和几十亿颗行星;从星象学的角度讲,我看到了土星位于狮子座;从神学的角度讲,我可以看到上帝是无所不能的,而我们是渺小和微不足道的;从气象学角度讲,我猜想明天是个好天气。它让你了解到什么呢?"

福尔摩斯沉默了一会儿,盯着华生说道:"我们的帐篷让别人偷了。"

"说到底,管理会计是要发现业务的真相和解决业务的问题,所以我们不能沉浸在那些抽离了业务信息的纯粹财务数据中,否则就会像华生那样,看到了几百万颗星星却仍然不知道真正发生了什么,而是要到业务一线去,尤其要观察、记录和分析业务方面的非财务数据变化,这样才能更接近业务的真相。"老王总结道。

"好了,你现在放手去干吧。"

真相 43　正前方 8 公里，直觉的代价你输不起

多年前，我在一本杂志上读到一个有关边疆哨所的故事，一直记忆犹新。故事的名字为"正前方 8 公里"。在一个秋冬之际的中午，两个边疆哨所新来的士兵开着卡车向哨所驻地运输给养。路况很好，天高云淡，海拔 5000 多米的高原上阳光很强烈，两个年轻人愉快地聊着天。不巧的是，在距离哨所还有 8 公里的地方，汽车抛锚了，由于缺少必要的零件，暂时没办法修好。按照规定和惯例，两个人应该留在车里等待救援。两个人的确在驾驶室里等了一小会儿，后来他们觉得还是步行回哨所快一点。哨所在正前方 8 公里处，无须翻山。他们凭直觉判断，在没有负重的情况下，以他们强健的体魄，徒步一个小时出头就到了。

两个人决定出发。高山公路上空无人迹，两个人一边说笑一边前行，在强烈阳光的直射下，不仅丝毫感觉不到初冬的寒意，两个人甚至把厚厚的棉衣脱下来搭在了肩上。一切尽在掌握中，两个年轻的士兵甚至觉得这次意外的抛锚简直给了他们一次难得的远足机会。然而，高海拔地带天气无常，大概半个小时以后天空中就变得乌云密布，暴风雪没有任何预兆地来了。此时回到汽车的路程和赶到哨所的路程差不多，两个年轻士兵知道遇上了大麻烦，只能全速向哨所奔跑。但雪越下越大，很快就从没脚面的

厚度到了及膝深，有的地方甚至被风吹积到齐腰深的程度。两个年轻士兵每走一步都要先把脚从积雪中拔出来，行进速度变得非常慢。

第二天早上，雪后初霁，哨所的士兵集体出发寻找彻夜未归的战友，结果在距离哨所只有800米的地方发现了两个年轻士兵的遗体，悲壮的是，他们仍然保持着冒雪突进的姿态。

这是一个充满遗憾的故事。

同样，这也是一个用直觉决策而充满遗憾的故事。CFO在公司决策中最关键的作用，就是想尽一切办法阻止那些看起来"一点儿问题也没有"的决策。财务人永远都不要在第一时间选择相信直觉，要相信你的Excel，相信公式计算出来的概率。

用数字代替直觉和情感，应该是CFO作为公司理性决策中枢的日常状态。当初，杰克·韦尔奇接任通用电气（以下简称"GE"）CEO时，正是用冷酷的"数一数二法则"，才真正推动这艘百年巨轮重新开启冒险创新的航程。

1981年10月，韦尔奇向GE的120位公司主管讲话，在严厉的抨击之后，韦尔奇列出改变GE的管理变革路径——不许再有官僚制度的浪费，不许再有欺骗性质的计划和预算，不许再有逃避困难的决策。韦尔奇警告大家，如果他们无法将企业维持在行业第一或第二，将会被踢出GE。当时GE的主要业务中只有燃气涡轮机称得上世界性的市场领导者。GE收入中的2/3来自增长缓慢和根本没有增长的老企业。正是冰冷的数字排名，在第一时间激活了潜藏在这家百年老店里的变革与创新基因。

因此，财务同人要时刻坚信这一点：冰冷的数字恰恰是商业世界里最恒定的温度。

真相44 一桩10倍PB收购案买家竟然惊呼"太值了"

在操盘《首席财务官》这十几年里，我大部分时间都沉浸在与国内外财务高手切磋问道的愉悦中，但不可避免地也有不少求之不得的"云深不知处"的疑问。其中，福建雪津啤酒的收购案就是一个令我至今抱憾却无法完成的采访。

因为这个极为经典的收购案，彻底颠覆了所有市面上你能看到的有关交易定价和企业估值的技术性工具。

事实上，在过去的20年间，跨国公司巨头一直在打破我们对交易定价原则的常识性理解。比如，2003年年底，当时世界第六大啤酒商苏纽在协议受让重庆啤酒非流通股时，报出了10.5元/股的价格，是重庆啤酒每股净资产的4倍，甚至比当时的二级市场价格还高2元左右。两年后，当时全球最大的啤酒公司比

第 4 章 财务高手养成高级阶段

利时的英博啤酒集团以 58 亿元的价格收购雪津啤酒，是雪津啤酒评估后净资产的近 10 倍，刷新了外资收购中国企业的溢价纪录。2006 年年中，苏泊尔被法国 SEB 收购时，要约收购价从最初的 18 元 / 股（当时二级市场价格为 8 元 / 股左右）一路上升到最终的 47 元 / 股。

当时我还不知道有"控制权市场价格"这个专业名词，不过，2006 年 4 月号《首席财务官》的封面文章"潜价值下的中国卖点"中已经触及了这个问题："只有以控股权自由转移为标志的资本市场形成之后，才能真正看到目标企业的终极投资价值。"

多年以后，我们在厦门组织了一场 CFO 沙龙，我碰巧遇到了英博啤酒集团亚太共享中心的一位财务高管。我非常高兴，终于能见到这个令我着迷的收购案中的一方，我迫不及待地询问他对这桩交易的看法，对方不假思索地回复："太值了，这对英博在华的布局与发展起到了极为关键的踏板作用。"

市净率（PB）10 倍是个什么概念？在令国内亿万股民怀念不已的 A 股历史最高点 6124 点时，整个 A 股的平均 PB 不过 6 倍左右。这个点位又被称为"千年大顶"，意味着泡沫化。为什么雪津啤酒的 10 倍 PB 却令收购者至今仍大呼"太值了"呢？

核心原因拆解起来并不复杂。首先，交易定价不是一个客观的价值评估概念，而是彻彻底底的主观价值认定。说白了，所有技术性工具支撑的估值方式都是障眼法，真正的交易价格都是"谈出来的"，而不是"评出来的"。其次，交易定价高还是不高，更取决于交易后目标公司的发展，或者收购者是否达到了预期的目的。彼时的英博啤酒集团，虽然贵为全球啤酒行业的老大，但却因为进入中国市场太晚，虽然陆陆续续做了一些零星的收购，但始终没有王牌根据地。

啤酒是并购的高发行业之一，距离和本地口味偏好使啤酒行业一直遵循着200公里半径的设厂规则，这和另一个并购高发的行业水泥行业200～300公里半径（最远可以扩展到600公里）设厂规则很相似。因此，英博啤酒集团在面对福建本土啤酒巨头雪津啤酒这个优质标的时可谓志在必得且急于求成，雪津啤酒的决策层则迅速读懂了对方的收购意图，从而在后续的谈判过程中占据了心理上的主动。

复盘这一案例下来，潜藏在资产负债表外的潜价值，首先是时间价值，其次是空间价值。所谓时间价值，最典型的就是早年间流行的所谓"买时间"（buy time，常见于改革开放初期），在此情境下，外资收购给出的高溢价，并非针对目标企业的现值回报，而是意图获得进入中国市场的准入证或者快速收割市场份额。空间价值，则更多潜藏在品牌价值、销售渠道网络、客户资源、独特的原材料供应基地、独特的地理位置优势、熟练的产业工人群体等竞争要素中。

这些无法被计入会计科目的竞争优势，才是真正意义上的无形资产，因为其更符合国际会计准则所规定的无形资产确认的三大条件：可辨认性、对资源的控制和存在未来经济利益。

真相45　一个神奇的整合"时间公式"

在我漫长的CFO采访生涯中，除了在财务的战略思维方面能够与顶级CFO实现高能互动之外，我时常也能捕获到他们极为精确的点状知识结晶。在这方面，我印象最深刻的一次是和时任IBM全球CFO马克·洛里基（Mark Loughridge）畅聊并购心得的那个下午。

这是一次没有公开报道的活动。在马克·洛里基来华时，我们牵头组织了少数国内顶级CFO与之座谈，地点在故宫东侧的北京贵宾楼饭店顶层。

马克·洛里基在全球CFO领域可谓大有来头的人物。2012年，马克·洛里基当选《华尔街日报》美国最佳CFO。作为IBM传奇CEO郭士纳接班人彭明盛的亲密搭档，马克·洛里基高举EPS（每股收益）路线图这个华尔街秒懂的转型灯塔，携手彭明盛开启了 IBM 业绩与市值双重反转的超强牛市。在 2007 年首次制定的 EPS 路线图中，马克·洛里基创造性地简化了 IBM 对外传递的信息。这份路线图列出了 IBM 计划如何在 2010 年年底之前增加利润和 EPS，以及如何将手里的现金进行投资。在 2010 年制定的第二份 EPS 路线图一直实施到 2015 年年底。马克·洛里基在一份电子邮件中写道：我们再也没有听到"IBM 过于复杂"或"我搞不懂 IBM"之类的评论……投资者或许不会认可我们所做的每一件事情，我们可以就这一点展开讨论。投资者有权进行私下研究，但他们再也没有抱怨过无法理解我们公司之类的问题。

不过，《华尔街日报》很可能未能充分认识到马克·洛里基在并购方面的卓越成就。IBM 在长达 10 年的"大象也能跳舞"的剧烈转型期内，创纪录地发起了 100 多宗并购交易，而马克·洛里基自 2004 年出任 IBM 的 CFO 以来，参与了大多数新收购业务的整合工作，其整合成功率之高令人印象深刻。

在那个有趣的下午，我和国内十来个 CFO 在北京贵宾楼饭店的顶层，一边欣赏着难得一见的夕阳缓缓进入紫禁城怀里的旷世美景，一边听马克·洛里基分享他那些独到的并购与整合心得。其中，最耐人琢磨的是马克·洛里基提出的那个神奇的整合"时间公式"。

这个神奇的整合"时间公式"说出来很简单。马克·洛里基在专注于新并购业务的整合过程中偶然发现，2 年是一个神奇的时间节点，只要在 2 年内能够达成并购之初设想的目标，最终这项业务就能成功地与 IBM 实现整合。超过 2 年还无法达成协同目标的，如果再继续拖延下去，只会增加亏损，绝无成功整合的希望。因此，马克·洛里基设置丰厚的激励措施，用 24 个月的周期倒推设置了大量的运营 KPI 节点，以推动这些新并购业务有效整合，逾期就坚决果断地放弃，毫不犹豫。

当时我问马克·洛里基，这个 2 年的神奇时间节点有什么理论依据吗，马克·洛里基摇头说没有任何理论依据，这是他个人的经验，也是在 IBM 大量并购失败后沉淀出来的宝贵经验，虽然没有任何理论支撑，但在现实的整合工作中非常有效。

这就是典型的财务实战硬核知识。在实战场景中，经验远比理论重要得多。

真相 46　巴菲特看报表的门道在哪里

如果你是一个合格的投资者，那么每年巴菲特写给股东的那封信，肯定是你不能错过的思想盛宴。

如果你认为巴菲特的这封信里只谈投资，那恐怕真是辜负了他的一番苦心。就个人阅读体验来说，我最爱的部分永远都是巴菲特对美国通用会计准则（GAAP）不留情面的嘲笑。有好事者曾将过去数十年间巴菲特写给股东的信编辑成书，命名为《巴菲特致股东的信：股份公司教程》，里面记录着巴菲特对公司与投资者之间的关系、如何理解财务报表等的分析。这本书也是这些年来，我个人经常推荐给 CFO 朋友们的一本必读物。

比如，巴菲特在 1988 年致股东的那封信里，不经意间触及了投资者审视财务报表的关键原则。在巴菲特看来，投资者看一份财报，无非有三个目的：

（1）这家公司大概价值多少？

（2）它达到未来目标的可能性有多大？

（3）在现有条件下，经理人的工作表现如何？

能随手写出上面三点的人，的确有资格嘲笑堪称逻辑最严密的会计准则的 GAAP。这不禁让我想到另一个令我钦佩的人——电影《教父》中的老教父唐·科里昂的那句著名的台词："在一秒钟内看到本质的人，和花半辈子也看不清一件事本质的人，自然是不一样的命运。"

如果用巴菲特的这三个原则来审视国内 A 股上市公司的财务报表，可以说绝大多数的财报只回答了"这家公司大概价值多少"这个最基础的问题，而用来判断上市公司未来走势的更重要的信息——咬合预期的能力，以及对团队的评价，基本上都处于空白。

国内 A 股市场经常出现业绩暴增百分之几千的"妖股"，散户投资者对这类业绩反转的概念也十分买账，但事实上，更稳定的预期业绩达成能力，才是衡量一家上市公司运营能力的更重要指标。说白了，业绩能莫名其妙地暴增，那就有可能莫名其妙地暴跌，这些年来，"惊喜变惊吓"的 A 股上市公司，大家也都没少见。

我在 2012 年采访过一家主营消毒服务的跨国公司——艺康（Ecolab），这是一家年销售额超过 60 亿美元的全球隐形冠军企业。早在 1957 年就登陆纽交所上市的艺康，有一个备受华尔街推崇的特点——财报指标与市场预期高度贴合。截至我采访时，它已经连续保持了 66 个季度。66 个季度是什么概念？整整 16 年半，这期间它起码经历了一次较大的经济危机或市场萧条，这样的财务预测能力和业绩管理能力的确让人钦佩。当时受访的艺康大中华区 CFO 陈文昇用"没有惊喜"来概括这个神奇的特点，并表示稳定的预期对机构投资者非常重要。

最后一个"目的"，也是我这么多年来在研究国内上市公司年报的过程中感到最遗憾的部分。

巴菲特曾经无比直白地劝诫投资人，绝对不要投资那些年报让人看不懂的企业。我们从巴菲特这句话中可以了解到一个过去很少关注的全新的重要概念——年报的易读性。欧美成熟市场漫长的资本市场发育周期，使财报理应千篇一律的干巴面孔，生发出千姿百态的表达模式，其中"董事长致辞"和"管理层讨论与分析"，是学者和投资者最关注的个性化表达部分，有的时候甚至超过了业绩。很可惜，在A股市场上，"管理层讨论与分析"是一个典型的互相抄作业，甚至公司名称、发布日期有时候都会抄错的无关紧要的"阑尾"部分。所以，我们看各路研报的时候，几乎看不到有关管理团队的分析。

风险投资与私募投资天天说"投资就是投人"，为什么我们在A股上市公司的财报中看不到任何关于人的分析，仿佛是一群机器人在运作公司？为什么伯克希尔-哈撒韦的财报那么好看？因为里面时刻闪现着巴菲特和芒格这两个越老越有趣的灵魂的光芒。

真相47　11:19！阿里巴巴高薪急聘的财务高手竟然是这样的

11:19！这看起来像是一场实力悬殊的手球比赛的比分，但这其实是一家市值超过6000亿美元的互联网巨头在不经意间给出的有关"业财融合"的残酷真相。

我曾在一个CFO微信群里看到一篇阿里巴巴集团招聘财务高手的文章，由于好奇心作祟，我点开看了一下，然后稍微做了一点儿基于文本的数据分析，得到了一个非常有意思的结果。我们一起来看一个看似非常常见的财务分析专家岗位的岗位描述，当然，这个岗位也对应着一个财会学界当下十分热衷而实务界很少使用的专属名词——管理会计。

岗位二：集团CFO线-高级财务分析专家（集团分析）-杭州

岗位描述：

1. 财务预算和预测工作

（1）改进及升级现有预算和预测系统的模块与功能，提高效率；

（2）针对不同的BU业务，与BU财务一起设计合理、健全的分析方法以及体系，全面、准确地反映预算和预测的过程以及执行预算预测情况（如相关的业务假设、前提条件、各个变量和最终结果的逻辑关系，等等）；

（3）理解并且勇于挑战BU业务和财务的各种假设，确保业务预算预测数字的合理性和准确性；

（4）负责协调中后台部门与各个BU业务，制定并不断完善内部计价体系，确保公司内部费用分摊的合理性和及时性；

（5）为集团管理层准备定期的管理/分析报告，及时反映业务和财务情况；

（6）从不同的角度出发分析集团的整体业务情况或者某个业务板块，进行不同假设的敏感性测试和可行性分析，为集团管理层决策提供数据和分析支持。

2. 业务分析

（1）重点接口几个业务板块，全面深入了解业务，积极参与 BU 财务和业务的业务讨论，从集团分析的角度对业务提出独立的意见和建议供集团管理层参考；

（2）对接口的业务板块设定合理的指标评价体系，对业务运营情况进行定期评估并拉通横向对比，从行业研究和数据分析产生洞见，提出相应的财务建议；

（3）与 BU 财务团队合作，推动集团管理层的管理建议及措施；

（4）深入理解业务市场格局和商业模式，搭建产品化财务分析体系；

（5）与 BU 财务和业务一起跟进相关行业与竞争对手分析研究。

3. 其他

（1）协调相关业务和财务，为公司披露财务报告和投资人关系提供相关数据与分析支持。

乍看上去，似乎也很平淡无奇是不是？我们先看看这个岗位描述里有多少个"财务"（见图 4-1）。

---

1. 财务预算和预测工作
（1）改进及升级现有预算和预测系统的模块与功能，提高效率；
（2）针对不同的 BU 业务，与 BU 财务一起设计合理、健全的分析方法以及体系，全面、准确地反映预算和预测的过程以及执行预算预测情况（如相关的业务假设、前提条件、各个变量和最终结果的逻辑关系，等等）；
（3）理解并且勇于挑战 BU 业务和财务的各种假设，确保业务预算预测数字的合理性和准确性；
（4）负责协调中后台部门与各个 BU 业务，制定并不断完善内部计价体系，确保公司内部费用分摊的合理性和及时性；
（5）为集团管理层准备定期的管理/分析报告，及时反映业务财务情况；
（6）从不同的角度出发分析集团的整体业务情况或者某个业务板块，进行不同假设的敏感性测试和可行性分析，为集团管理层决策提供数据和分析支持。
2. 业务分析
（1）重点接口几个业务板块，全面深入了解业务，积极参与 BU 财务和业务的业务讨论，从集团分析的角度对业务提出独立的意见和建议供集团管理层参考；
（2）对接口的业务板块设定合理的指标评价体系，对业务运营情况进行定期评估并拉通横向对比，从行业研究和数据分析产生洞见，提出相应的财务建议；
（3）与 BU 财务团队合作，推动集团管理层的管理建议及措施；
（4）深入理解业务市场格局和商业模式，搭建产品化财务分析体系；
（5）与 BU 财务和业务一起跟进相关行业与竞争对手分析研究。
3. 其他
（1）协调相关业务和财务，为公司披露财务报告和投资人关系提供相关数据与分析支持。

图 4-1

答案一望便知，11个。

那么，我们再看看这个岗位描述里有多少个"业务"（见图4-2）。

---

1. 财务预算和预测工作
（1）改进及升级现有预算和预测系统的模块与功能，提高效率；
（2）针对不同的 BU 业务，与 BU 财务一起设计合理、健全的分析方法以及体系，全面、准确地反映预算和预测的过程以及执行预算预测情况（如相关业务假设、前提条件、各个变量和最终结果的逻辑关系，等等）；
（3）理解并且勇于挑战 BU 业务和财务的各种假设，确保业务预算预测数字的合理性和准确性；
（4）负责协调中后台部门与各个 BU 业务，制定并不断完善内部计价体系，确保公司内部费用分摊的合理性和及时性；
（5）为集团管理层准备定期的管理/分析报告，及时反映业务财务情况；
（6）从不同的角度出发分析集团的整体业务情况或者某个业务板块，进行不同假设的敏感性测试和可行性分析，为集团管理层决策提供数据和分析支持。
2. 业务分析
（1）重点接口几个业务板块，全面深入了解业务，积极参与 BU 财务和业务的业务讨论，从集团分析的角度对业务提出独立的意见和建议供集团管理层参考；
（2）对接口的业务板块设定合理的指标评价体系，对业务运营情况进行定期评估并拉通横向对比，从行业研究和数据分析产生洞见，提出相应的财务建议；
（3）与 BU 财务团队合作，推动集团管理层的管理建议及措施；
（4）深入理解业务市场格局和商业模式，搭建产品化财务分析体系；
（5）与 BU 财务和业务一起跟进相关行业与竞争对手分析研究。
3. 其他
（1）协调相关业务和财务，为公司披露财务报告和投资人关系提供相关数据与分析支持。

图 4-2

答案也很简单，19个。

两者相比，大致是 1∶2。也就是说，一个看起来像是纯粹财务岗位的岗位描述中,"业务"的含量是"财务"含量的两倍。其中的道理很简单,从这个岗位的岗位描述可以看出,其输入端来自业务,输出端还面向业务,只有中间处理的过程属于传统意义上的财务。这样的含量配比已经是最基础的了,毕竟上面这个岗位描述中"财务"这个词还有大概一半是在描述职务、团队,而非业务本身。也就是说,这个岗位实际上的"财务"含量比表面上看到的还要少。

从这个角度来说,这是个典型的"业财融合"的岗位。

作为从小看《地雷战》长大的一代,我对中国黑火药"一硝二磺三木炭"的神奇配方再熟悉不过了,早在1400多年前,唐代药王兼炼丹术士孙思邈在其所著的《丹经内伏硫黄法》里就已经明确记述了这一配方。那么,这两年大热的"业财融合"是不是也可以参照这个攒出来一个实务界更容易掌握的配方呢?

我们可以从上面这个阿里巴巴的岗位描述中得到有益的启发,提出一个"一财务二业务"的"业财融合"1.0简易配方。面对这么简单的配方,"业财融合"团队该怎么操作呢?

首先是时间分配,花在业务端的时间应该是花在财务端时间的2倍。

其次是知识密度,这个团队掌握的业务知识密度应是其掌握的财务知识密度的2倍,而且考虑到业务知识的动态性和变化速度远高于财务知识，两者的知识密度差很可能随着时间的推移越来越大。

再次是数字化程度，我们不妨将数字化工具的投放密度作为参照。当下流行的"大智移云物"等新一代 IT 和 DT 的数字化工具，在业务端的投放密度最起码也要是财务端的两倍，而像阿里巴巴这样的互联网巨头，整个公司都是高度数字化的。所以不要再单纯地讨论财务数字化转型的问题了，业务的数字化转型当仁不让地要走在前面。

最后是团队构成，也不妨按照初始背景的业务与财务 2∶1 的配比来组建真正能干出肉眼可见的价值的"业财融合"体系。

说了这么半天，真有本事做到 2∶1 配方下"业财融合"的财务高手能拿到多少年薪？我对阿里巴巴这个"高级财务分析"岗位的薪酬还真不了解，不过，按照常理推测，阿里巴巴这个岗位年薪低于 30 万元的概率应该比随手买张彩票就命中 500 万元大奖的概率还要低。如果表现出色的话，拿到手的综合性收入恐怕比一半以上的 A 股上市公司财务总监要高，而且高很多。

这样的"业财融合"才是讲求实效的企业真正需要的。

真相 48　财务的假设里从来就没有什么岁月静好

2016年7月，我们在深圳举办了一场有关人民币双向波动的 CFO 研讨会。当时我们邀请到的嘉宾中有当时某民企财资业务的负责人，她分享了一年前亲身经历"8·11 汇改"的惊心动魄的故事。

所谓"8·11 汇改"，指的是 2015 年 8 月 11 日，中国人民银行宣布调整人民币兑美元汇率中间价报价机制，做市商参考上日银行间外汇市场收盘汇率，向中国外汇交易中心提供中间价报价。这一调整使人民币兑美元汇率中间价报价机制进一步市场化，更加真实地反映了当期外汇市场的供求关系。

上面这段话说起来云淡风轻，但现实是，8 月 11 日当天，人民币汇率开盘大幅度贬值 1136 个基点，一次性贬值接近 2%，在随后的几天里，人民币汇率连续贬值，3 天内贬值超过 3%。这个近乎一步到位的贬值动作，大大超出了市场的预期。

依托于这家民企规模庞大的海外业务，其资金团队自 2005 年人民币汇率改革以来，在人民币一路单边升值的这十余年里，给公司带来了丰厚的汇兑收益。然而"8·11 汇改"当日人民币汇率的波动，使对此没有预案的资金团队措手不及，甚至为其提供专属服务的外资银行顾问团队都瞠目结舌，无法给出任何有操作意义的建议。在经历了两天彻夜不眠的紧张盯盘后，资金团队最终选择了果断止损，关闭了所有人民币对美元的风险敞口，最终成功避开了之后可能发生的更严重的损失。

但仅仅这两天的损失，也意味着这样一个千亿级体量的公司整个制造板块几个月的努力都白费了。这位财资业务负责人也坦承，之所以带来这个真实的案例，就是来和大家探讨，他们在财务、资金等方面，无论是见识还是团队，都可以称得上国内企业中的佼佼者，但为什么还是会在"8·11汇改"中蒙受这么大的损失。

这的确是一个值得深入讨论的好问题。

我曾经针对"8·11汇改"带给中国企业的外汇损失写过一篇简短的研究性文章。根据2014年国内对外贸易总量，并参考上市公司财务报表上的美元负债情况，综合推算下来，截至2014年年底，中国企业总体上的美元负债总量，按照最保守的估计也不低于1万亿美元。结合我和很多CFO交流的情况来推测，这1万亿美元负债超过90%都没有采用外汇套期保值工具来规避汇率波动的风险，换言之，是以纯敞口的形式来应对汇率风险的。之前长达10年滚雪球式的单边升值，让太多CFO把人民币汇率的走向每年都设定为上升多少百分点。"8·11汇改"，在短短数个交易日内使人民币汇率的下跌幅度达到了5%，这也意味着上述9000亿美元的敞口负债一下子多出来450亿美元的负担。令人扼腕叹息的是，外汇套期保值，这个原本用于锁定外汇风险的工具，在很多老板和 CFO 眼中成了限制企业享受人民币汇率升值收益的障碍。

坦率地说，即便是老牌跨国公司也不愿意在汇兑损益上谋求太多的利益，因为利益与风险是对称关系，汇兑损益越大，也就意味着资金管理在货币倾向上越是单边，一旦遇到比较大的金融市场波动，这种单边的资金管理策略必定会造成较大的损失。

因此，CFO 在工具效能的设计上，就要将汇兑损益控制在主营业务利润波动的范围内，不要让它这个公司运营的小小配角总是试图抢主业经营的大戏。比如，国内的几大航空公司前几年的汇兑损益之丰盈大大掩盖了其亟待解决的运营效率低下问题，以至于让人们觉得其盈利能力超强……

所以，回到问题出发的地方，财务部门在选择和运用各种金融工具来趋利避害的同时，千万不要忘了确保业务本身的平稳才是第一位，不能把利用这些金融工具直接创造价值这个"副业"放在高于业务本身的位置上。最近这几年，"CFO 直接创造价值"的说法愈演愈烈，已经严重偏离了我们最初讨论的财务价值创造的基本范式。事实上，我们必须认识到，除了金控集团，CFO 最主要的价值创造方式仍然是间接的、辅助的，其价值创造是通过运营效率的优化动作、投融资的节拍效应以及风险控制的未雨绸缪,来为业务保驾护航而实现的。

退一万步说,如果没有风险识别、风险预警和风险对冲机制,企业哪来那么多的岁月静好?

真相49 都江堰是一个完美的"财务案例"

有点儿会计常识的读者都知道,会计的祖师爷是大禹,那么,谁可以称得上财务的祖师爷呢?

在我看来,李冰绝对是个值得认真考虑的人选。原因很简单,因为都江堰是一个臻于完美的"财务案例"。

曾任世界银行副行长、首席经济学家的著名学者林毅夫曾多次慨叹道,他常常想起多年前的一个场景:1979年自己站在都江堰上,望着湍急的流水,想到两千多年前古人留下的工程至今还在造福后世,感慨万千。

的确,论及中国古代工程领域的架构之妙,当首推都江堰。

秦昭襄王五十一年(公元前256年),秦国蜀郡太守李冰和他的儿子,学习前人的治水经验,率领当地人民,主持修建了著名的都江堰水利工程。都江堰的整体规划是将岷江水流分成两条,其中一条水流引入成都平原,这样既可以分洪减灾,又可以引水灌田,变害为利。主体工程包括鱼嘴分水堤、飞沙堰溢洪道

第 4 章　财务高手养成高级阶段

和宝瓶口进水口。

从架构上而言，都江堰是一个集防洪、灌溉、航运为一体的综合水利工程。

在修筑过程中，李冰采用中流作堰的方法，在岷江峡内用石块砌成石埂，叫都江鱼嘴，也叫分水鱼嘴。鱼嘴是一个分水的建筑工程，把岷江水流一分为二。东边的叫内江，供灌溉渠用水；西边的叫外江，是岷江的正流。又在灌县城附近的岷江南岸筑了离碓（同堆），离碓就是开凿岩石后被隔开的石堆，夹在内外江之间。离碓的东侧是内江的水口，称宝瓶口，具有节制水流的功用。夏季岷江水涨，都江鱼嘴淹没了，离碓就成为第二道分水处。内江自宝瓶口以下进入密布于川西平原之上的灌溉系统，"旱则引水浸润，雨则杜塞水门"（《华阳国志·蜀志》），保证了大约 300 万亩[①]良田的灌溉，使成都平原成为旱涝保收的天府之国。都江堰的规划、设计和施工都具有比较好的科学性和创造性。工程规划相当完善，分水鱼嘴和宝瓶口联合运用，能按照灌溉、防洪的需要，分配洪、枯水流量。

为了控制水流量，在进水口"作三石人，立三水中""使水竭不至足，盛不没肩"。这些石人显然起着水尺的作用，这是原始的水尺。从石人足和肩两个高度的确定，可见当时不仅有长期

[①] 1 亩 ≈ 666.7 平方米。

的水位观察，并且已经掌握岷江洪、枯水位变化幅度的一般规律。通过内江进水口水位观察，掌握进水流量，再用鱼嘴、宝瓶口的分水工程来调节水位，就能控制渠道进水流量。李冰"外作石犀五枚……一在渊中"，"一在渊中"是指留在内江中。石犀和石人的作用不同，它埋的深度是作为都江堰岁修深淘滩的控制高程。通过深淘滩，使河床保持一定的深度，有一定大小的过水断面，这样就可以保证河床安全地通过比较大的洪水量。这种对流量和过水断面的数量关系的理解与运用，即便用现代水利科学来验算也堪称完美。

诞生于两千多年前的都江堰取得这样伟大的文明成就，近代以前的人类文明版图上可以说绝无仅有，至今仍是世界水利工程的最佳作品。1872年，德国地理学家李希霍芬称赞，"都江堰灌溉方法之完善，世界各地无与伦比"。1986年，国际灌排委员会秘书长弗朗杰姆，在随同国际河流泥沙学术会的各国专家参观都江堰后，对都江堰科学的灌溉和排沙功能给予高度评价。1999年3月，联合国人居中心官员参观都江堰后，建议都江堰水利工程参评2000年联合国"最佳水资源利用和处理奖"。

相比于当今耗资动辄成百上千亿元的巨型水坝，投资与维护费用都不高昂的都江堰，其奥秘除了巧夺天工的工程布局外，更主要的是遵循了"乘势利导、因时制宜"的治水指导思想，"岁必一修"的管理制度,"遇弯截角、逢正抽心"的治河原则,以及"砌鱼嘴立湃阙,深淘滩、低作堰"的引水、防沙、泄洪之管理经验和治堰准则。

架构为先,架构为先,架构为先。重要的事情还是要说三遍。对于广大财务同人而言,从都江堰中可以体悟到的要义为:简单有效的管控架构、因势利导的管理思想、可见易行的制度流程,恰恰是锻造出利在长远的一流财务体系的绝佳路径。

真相50　精益财务最管用的六字方法论

在过去十几年对财务人群的研究和访问中,我常常会问大家为什么选择这份工作,虽然得到的答案千差万别,但最大公约数的答案是阴差阳错的种种偶然因素所致。当我追问如果再来一次人生,是否会再次选择财务这个职业,绝大多数人的答案是——不会。

其实不仅仅是财务一行,360行大抵如此。

大多数年轻人在踏入职场之前,对职场充满幻想,会情不自禁地把职场想象成古龙的武侠世界,就像风四娘那样,"骑最快的马,爬最高的山,吃最辣的菜,喝最烈的酒,玩最利的刀,杀最狠的人"。然而现实的职场往往是金庸笔下的武侠世界,如果你没有在万中无一的偶然之中获得灵药,或者恰好投胎在掌门家里，再或者有天纵奇才的练武资质和名师加持，那么大概率你会成为一个刚好能衣食无忧的镖师、护院或者下级军官，余生在壁垒森严的层级制结构中缓慢攀爬。

这就是我反复和年轻人聊到"理想很古龙，现实很金庸"这句话的原因。

无论如何，我们大多数人的命运注定将是平庸的，不是每一个从事财务工作的同人都有机会敲响 IPO 那口黄金万两的钟。这是残酷的社会达尔文主义投射在商业社会丛林里的真实写照，也是最真实和最常见的财务真相。

从这个角度来说，成功学之害人不浅有目共睹，事实上更应该研究的是如何避免人生陷入惨败的境地。对此，我根据对数百名顶尖 CFO 职场之路的观察，总结出两个可以被年轻的财务同人借鉴的方法论。

第一，积小胜成大胜。职场的进步和武功的修炼大体是一个逻辑——"刻苦 + 天资 + 足够长的时间 = 小有所成"。与其成天琢磨马斯克的"天外飞仙"，不如下苦功练习乔峰的太祖长拳，或是宝树大师的无敌飞腿（只靠《胡家刀法》被撕掉的第一页狂练而成）。降低期望值，调高投入值，假以时日，能力自然会不知不觉地提高。

第二，结硬寨，打呆仗。堪称近世完人的曾国藩，在平定太平之乱时，由于所能募集的湘勇极其有限，而且仅凭"厘金"的财力也无法支持其供养一个庞大的军队。整个平乱期间，湘军的总人数最高也不过十几万人，与数以百万计的太平军远不在同一个数量级。但曾国藩凭借"结硬寨，打呆仗"这看似极为简单但极难坚守的一招，在屡败屡战中熬过十年，终获大成。

从财务的职场角度看，所谓"结硬寨"，就是打下扎实的业务能力基础，不仅仅是自身财务技术范畴的技能，还应覆盖业务、运营和IT等综合能力，尤其是技术方面；"打呆仗"更多是工作态度层面，踏踏实实，一个问题一个问题去解决，不好高骛远，不眼高手低，关注当下业务的点滴改进，日积月累来实现运营绩效的提升。

| 第 5 章 |

那些脑洞大开的财务暗黑空间

真相 51 "现金为王"的下半句你恐怕不知道

"现金为王"可能是诸多财务黄金法则中,被误解得最厉害的一个。

我第一次意识到这个问题,是在我们组织的一次 CFO 活动上,在讨论跨国并购话题的时候,时任五矿集团 CFO 沈翎随口说了一句:"现金是最没有效率的资产。"

一语点醒梦中人。

第5章 那些脑洞大开的财务暗黑空间

读者读到这里,应该会发现我们有一个最基本的思考逻辑,即财务的真相其实是一种选择的状态,不存在绝对的好,也不存在绝对的坏,而是始终在"两害相权取其轻"与"两利相权取其重"之间掂量来掂量去。此外,同一种工具经常存在着"彼之蜜糖,我之砒霜"的效应。从这个角度来说,财务甚至是比管理学还要软的软科学,毕竟"马斯洛需求理论"的普适性还摆在那里。

通常,一个吃过现金流大亏的企业或者企业家,对"现金为王"都会产生一种刻骨铭心的理解。

我们先来看一个国外的案例。一手将IBM从价格不断下滑的硬件泥潭里拉出来的传奇职业经理人、IBM前CEO郭士纳曾在退休后写了一本风靡全球的自传——《谁说大象不能跳舞》,该书开篇部分有一段被普遍忽视的重要论述,"……1989年4月1日,我离开运通来到了RJR纳贝斯克公司。对于我来说,那是一段艰难的时光,我学到的一个重要经验是:现金在一家公司中具有十分重要的意义——'自由现金流量'是衡量一家公司是否健康发展以及公司绩效高低的一个最重要的指标"。

当然,国内与"现金为王"关系最密切的企业家非史玉柱莫属。巨人大厦的折戟,让"现金流比利润重要"这个常识第一次走进国内企业家的视野。之后史玉柱用了整整10年时间去清偿债务,并迅速完成新一轮资本积累,再后来进入网游市场。但是，不论取得了多大的成功，史玉柱在内心中始终是一个"完全的保守主义者"，再好的项目也无法诱惑他押上全部筹码，自此之后他最在乎的事情始终是公司的现金流。"账上有5个亿，我心里就不再害怕"。

但沈翎提出的显然是一个更复杂的命题，也是深度理解"现金为王"的关键所在。

我们来设想这样一个情境：有一个贵族饲养了一只下金蛋的鹅，每投喂100克金砂，这只鹅就能产一只110克的金蛋，这只金蛋可以等价交换110克金砂。那么这个贵族最理想的模式就是不停地把金蛋换成金砂来喂这只鹅，等到手里有200克金砂的时候，再马上养第二只下金蛋的鹅，依此类推。在忽略金砂的外部市场交易风险和鹅本身产金蛋能力风险的情况下，这个贵族最佳的获利模式就是使产金蛋和投喂金砂之间的时间无限向0趋近，同时不停分拆金砂养更多的鹅。

实际上，这就是所谓的资金使用效率。资金使用效率的极限值，就是投入和产出之间的时间差和空间差无限趋近于0。当然，现实中这种理想的操作模式是不可能不存在风险的。因此，"现金为王"与"现金是最没有效率的资产"之间，即便在剔除"运营活动现金流"这个过于个性化的因素之后，还存在着"随手可得的融资现金流"这个"异能者"，它反复涂改着现金流量表的作业本。首先，沈翎敢于抛出"现金是最没有效率的资产"这个论断，除了其在全球性资产并购上卓著建树带来的深刻洞见，还离不开五矿集团超强的全球融资能力；其次，"现金最低安全库存"和"现金带来的安全感"，显然也是两个极为个性化的要素。比如，同样是跨国汽车巨头，经历过两次世界大战的丰田账上有300多亿美元却仍然觉得惶鸟在飞，而福特和通用手里攥着100多亿美元就开始搞股票回购了，可见它们对这两个要素的理解是多么天差地别。

说到底，现金流量表也不过是"钱生钱"游戏的通关战绩而已，游戏打得好不好，不光凭技术，还要看道具。

真相52　投资退出有哪些不为人知的套路

股市中一直流传着一句话——"会买的是徒弟，会卖的才是师傅"，企业在进行产业投资的时候，当然也不可避免地要面对投资退出的问题。

首先，我们还是要坚持采用中性立场，即投资退出是一个更多基于一系列精妙商业计算的结果，而非情感和冲动的衍生品。在这个视角下，财务才能在帮助企业制定投资退出的决策中，根据整合效应、运营压力和投资收益这三个最关键的变量进行计算。

1. 不能整合者退，而且要快速退

美国著名的竞争战略泰斗迈克尔·波特于1987年发表在《哈佛商业评论》上的一篇重磅文章，研究了1950～1986年33家大型的、有声望的美国公司的分散化经营记录，发现其中对并购后的公司进行剥离的数量要多于保存下来的数量。平均来说，公司将其在新产业中收购的53.4%重新剥离了出来，在新领域内收购的剥离率是60%，当被收购的部分与本公司现有领域无关时，剥离率为74%。

事实上，波特的数据说明了一个浅显易懂的投资退出原则——不能整合者退。

当初联想在转型IT服务时，并购汉普又快速剥离的案例堪称典范。2001年4月，联想正式对外提出向IT服务转型，但在以5500万港元及部分资产收购国内著名咨询公司汉普51%的股权只有两年之后，就在2004年7月将IT服务业务作价3亿元打包转让给亚信科技，换取亚信科技15%的股权。自此联想实质上退出IT服务领域，此后过了14个月，宛如烫手山芋般的汉普再度被亚信科技资产剥离而出售，最终汉普被管理层以分5年付清2500万元的价格完成了管理层收购（MBO）。虽然遭遇了转型失败，但联想快速剥离无法整合资产的速度和果断，仍然值得所有财务同人借鉴学习。

2. 现金流黑洞者退，同样也要快退

虽然采用现金流折现法得出的估值结果往往和最终的交易价值相去甚远，但投资者高度关注被投资产的现金流创造能力确实是明智且正确的选择。因为现金流指标在很大程度上弥补了权责发生制下的财务报表在反映企业经营现状上的时滞缺陷。

素有"门口的野蛮人"之称的美国著名杠杆收购专家 KKR，自起家以来就非常关注被收购企业的现金流情况，KKR 往往在债务杠杆并购后，通过目标企业的经营现金流来偿付债务，而一旦其不能满足以现金流偿债的要求，就会被 KKR 毫不留情地予以抛弃。

所谓现金流黑洞是指，经过多方努力，仍无法缩窄的现金流头寸逆差；或者，从一个相对平稳的状态突然恶化，且短期无法扭转。此时，退出速度就是和估值贬值速度展开的一场竞速赛，CFO 要时刻提醒老板，"慈不掌兵，义不理财"，此其时也。

2017 年 7 月 19 日，万达集团将旗下价值 336 亿元的 77 家万达酒店，以 199 亿元的跳楼价卖给了富力集团。当时坊间一度热议富力集团主持此次并购的李思廉有超强的杀价能力。三年后，富力集团发现看似低价获取的万达酒店资产，正在成为拖垮

自己的现金流黑洞。王健林在看似悲情的甩卖半年后的2017年年度工作总结中说:"万达酒店是建得不错,成本也很低,但是酒店整体年平均回报率低于4%,这些酒店每年吃掉十几个万达广场的净利润……"

3. 获得充分溢价者退,且战且退

在商业世界里,"只有不能成交的价格,没有不能成交的商品",这是一个真实而又冰冷的常识。因此,在一项投资获得充分溢价之后的退出,显然不是一个不能接受的悲伤故事。毕竟股神巴菲特最擅长的就是寻找价值被严重低估的股票,然后果断持有或者参与经营,接下来耐心地等待该股票的价值被市场重新发现。

如果说逃离现金流黑洞的投资退出策略的关键点是"止损",那么,在获得充分溢价后退出投资则是更耐人寻味、更高一筹的"止赢"策略。在这一方面,李嘉诚做得很好,其商业格言之一就是"不要赚最后一个铜板"。

真相53 "A计划"发财,"B计划"救命

在我们欣赏好莱坞军事大片、动作大片乃至普通剧情片的时

候,"what's the plan B"(B计划什么)是一句经常出现的台词,说这句话的上至将军,下到普通人。在我们身处的这个蓝色星球上,最著名的"B计划",恐怕要数大家在好莱坞大片中看到的美国总统的"核武器黑匣子"了。

然而,在国内商战语言体系里,"B计划"却是一个长期以来讳莫如深的隐秘角落,在机场大师的成功学视频中,在创业教父的心灵鸡汤金句里,从来找不到对战略失败的反制措施,"下定决心,排除万难"似乎总是企业战略的唯一选择。

不过,与工商业界对"B计划"的态度形成鲜明对比的是,生活中的"B计划"倒是随处可见,比如地震应急避难场所、消防通道、紧急泄洪道等,这都是极端性的"B计划"实例。我们不妨从这些生活中的案例来思考"B计划"的制定模式,大致来看,它有四个最主要的维度:①设定方向;②启动阈值;③资源分配;④可承受损失。

1."B计划"的设定方向

根据我过去对企业财务负责人的访谈经验来看,目前国内大部分CFO认为"B计划"与"A计划"最主要的差异在于实现路径的不同。当下本土企业对"B计划"的理解大多仍处于"换个姿势再来一次"的初级阶段,至多也就相当于恋爱场景中的备胎。

对此，一位不愿透露姓名的 CFO 的观点更值得深思，"一般情况下，'B 计划'是与'A 计划'从完全不同的视角和考虑出发而制订的战略性备选方案，因此，真正的'B 计划'可能是选择了与'A 计划'完全不同的实现路径，也有可能是对'A 计划'的全盘颠覆"。

2. "B 计划"的启动阈值

就常识而言，在企业战略制定的过程中，我们不可避免地会存在战略盲点，既有主观的，比如在产业竞争格局的判断上，在技术迭代路线的选择上，以及在资源配置的估算上等；也有客观的，比如外部政策环境的变化（如行业监管政策、外汇政策等）、关键人员的意外事件等。

"B 计划"的主要作用是覆盖这些无法事先预测的战略盲点，进而为其设定触发启动的阈值。

基于上述主客观的分析，"B 计划"的启动阈值大致应涵盖外部环境突变亮底牌信号（如香港资本市场当初明确拒绝阿里巴巴的同股不同权要求）和内部资源红色预警信号（如现金流枯竭）两大类指标，而后者往往在内地 CEO 狂热的 "all in" 情绪中难以真正触发 "B 计划" 的有效启动。

众所周知，投资界有句名言，"投资是反人性的"，"B计划"也是。一旦出现有效的阈值触发信号，就应该坚决执行"B计划"。"B计划"最大的敌人就是对"A计划"执迷不悟的狂热。

3. "B计划"的资源分配

很多时候，虽然有了形式上的"B计划"，但在资源分配上无法对其进行保障，这也使"B计划"难以在关键时刻发挥作用。

在《三国演义》尾声处，征西将军邓艾偷袭阴平小路时，就遭遇了诸葛亮早早安排下的"B计划"——数量并不多但足以歼灭邓艾奇袭部队的"伏兵"。令人扼腕叹息的是，惊慌失措的邓艾派人打探这一处伏兵的兵营后发现，整个兵营早已空无一人。据附近的村民讲，后主刘禅身边的当红宦官黄皓嫌此处驻军靡费粮草，随便找个理由给裁撤了。乐得邓艾额手相庆，至此蜀汉灭亡已是不可逆转之势。

4. "B计划"的可承受损失

如果套用生物学概念，"B计划"的可承受损失极限就是维持企业存续下去的基础代谢水平。我们借助管理大师阿里·德赫斯的著作《长寿公司》中的分析框架，如果说"A计划"着眼于经济型公司（即创利能力），"B计划"应聚焦于生命型公司（即存续能力）。

当然,"B计划"的制订和实施都应处于公司最高机密的状态,以防其可能带来的负面效应。这方面最典型的代表莫过于微软前全球CFO彼得·克莱因（Peter-Klein）,他在强调微软的移动战略志在必得的时候,强硬地对媒体表示："关键是执行现有计划,而不是'B计划'。"

真相54 命运塔罗牌：估值的门道大头在表外

我们在前面的财务真相里探讨过,在并购交易中,对估值起到更大作用的表外价值（潜价值）,蕴藏在拥有相当程度运营基础的比较成熟的企业。对于那些成立时间相对较短的企业,尤其是互联网行业的初创企业,如何对自身的表外价值做一个基本的估算,也是一个常见的问题。

18世纪,法国神秘学家杰柏林提出"塔罗"一词,其取自埃及语的tar（道）和ro（王）两词,含有"王道"的意思。在杰柏林看来,"塔罗"本意就是指身为王者应该具备的正确决断力,这也是这种占卜方式的起源。后来,罗塞塔石碑的发现使埃及的象形文字得到破译,随即也就推翻了"王道"的说法。但是塔罗牌对于决策的占卜,始终是欧洲人乐此不疲的游戏。

第 5 章　那些脑洞大开的财务暗黑空间

我们通过当年团购网站的行业演进模式，大体上可以知道，互联网创业者的阶段性命运无非三种：独自成为行业的胜利者；成为胜利者的一部分；沦为出局的失败者。很可惜的是，由于互联网无通杀效应，成为前两种的概率不会超过1%。

因此，我们在推算互联网创业企业的命运塔罗牌时，无须使用决定命运大趋势的22张大阿卡那牌，只需要借助更能细微揭示命运的56张小阿卡那牌即可。小阿卡那牌分为四种花色："权杖"代表元素火，象征激情、能量和创造；"星币"代表元素土，象征金钱、物质和享受；"圣杯"代表元素水，象征情感、关系、爱和灵感；"宝剑"代表元素风，象征思想、智慧、交流和冲突。

我们将互联网创业者的行业竞争要素按照上述四个方向进行归纳，"权杖"可以泛化为行业竞争地位以及外部资源等竞争要素；"星币"应具象为资金实力以及潜在的资本扩张能力；"圣杯"代表高流量且高质量的用户；"宝剑"则聚焦企业自身的商业模式创新能力与所谓的核心竞争力。

1."权杖"：赢家附体

1994年4月20日，中关村地区教育与科研示范网络工程接入国际互联网的64K专线开通。这一时刻也被称为中国互联网产业的"奇点"。有趣的是，第二年美国横空出世了一本超级畅销书——《赢家通吃的社会》，这本书给出了未来互联网产业最基本的竞争法则。两位目光犀利的作者菲利普·库克与罗伯特·法兰克盘点了运动、演艺等诸多行业，发现"功败垂成者所分到的饼小得不成比例"。尽管差距远比我们想象中的小得多，但排名靠前者往往比排名稍后者的收入要高出很多。

如果一家互联网创业公司能得到业内公认的大赢家的投资，那么在任何基本面都不改变的情况下，它的估值也会迅速跳升。这种赢家效应光环，甚至在京东这个体量的企业也仍然适用，正是京东在 IPO 前引入了腾讯作为最后一轮的战略投资者，才避免了 IPO 估值可能会跌破之前融资估值这种尴尬情况的出现。

"权杖"在互联网创业公司的估值中，起码要占到 40% 的权重。

2."星币"：你能在牌桌上坚持多久

知乎上曾经有个热帖讨论"一种必赢的赌博方式"，帖中假设一个赌徒玩一种赌博游戏，赌徒先押一定数量的押金，扔一枚完全公平的硬币。如果正面向上的话，赌徒会赢得和下注数量一样的回报（并拿回自己下注的押金）；如果正面向下的话，会输掉全部押金。现在赌徒采取这样的策略：每次都押正面，第一轮押一单位的押金，如果赢了的话，重新开始；如果输了的话，下一轮开始押两单位的押金，如果再输的话，下一轮押四单位的押金。一直这样下去，如果输，下一轮押金翻倍，直到赢为止。这是不是一种必胜的赌博方式？

这就是所谓的"倍增下注法"。在资金无限的情况下，这个逻辑的确是成立的。

所以在很多拼命烧钱的互联网风口中，资金的多寡的确决定了离开牌桌的顺序。所以，"星币"在互联网创业公司的估值中，大体可以占到30%的权重。

3."圣杯"：高价值、高黏性的用户规模

在众多互联网领域的估值公式中，梅特卡夫定律无疑是著名的一个，其内容是：一个网络的价值等于该网络内节点数的平方，而且该网络的价值与联网的用户数的平方成正比。

当然，这些节点和用户数的单点价值也存在着巨大的差异。高价值、高黏性的用户规模，就成为互联网领域内炙手可热的稀缺资源，很多并购都是瞄着这些用户数而展开的。

在我的观察中，"圣杯"在互联网创业公司的估值中，通常会占到20%的权重。

4."宝剑"：商业模式创新与核心竞争力

很遗憾，最后一项几乎是所有互联网创业公司的商业计划书中都会拿出吃奶的劲儿来描述的，但它最终也只剩下了10%的估值空间。

难道商业模式创新能力、独有的知识产权、强悍的创业团队等，没前面那几项值钱吗？

很不幸，事实是这样的。因为甚至都不需要收购公司，只需要给出慷慨的offer，就可以整建制地把团队挖过来，而且屡试不爽。

真相55　内向就一定是财务人的缺点吗

先给大家推荐一个驰名全球互联网十余年的"猴子与香蕉"的神奇实验，内容大致涉及"道德的起源、阶级的起源、道德的沦丧、道德的重建、信仰的产生"等。如果用它来分析公司内部的权力生态，简直是绝妙的范本。

在实验的第一阶段——"道德的起源"当中，内向与外向的实验对象有着不同的命运，这似乎可以给我们一些启示。这个实验是这样的：

第5章 那些脑洞大开的财务暗黑空间

先把五只猴子关在一个笼子里,上面有一串香蕉。实验人员在笼子里装了一个自动装置,一旦侦测到有猴子要去拿香蕉,马上就会有水喷向笼子,而这五只猴子都会一身湿。首先有只猴子想去拿香蕉,当然,结果就是每只猴子都被淋湿了。之后每只猴子在几次的尝试后,发现莫不如此。于是猴子们达成一个共识:不要去拿香蕉,以避免被水喷到。后来实验人员把其中的一只猴子拿出来,换进去一只新猴子A。猴子A看到香蕉后马上要去拿,结果被其他四只猴子痛扁了一顿。因为其他四只猴子认为,猴子A会害它们被水淋,所以制止它去拿香蕉,猴子A尝试了几次后被打得满头包,最终也没有拿到香蕉。当然,这五只猴子没有再被喷水。后来实验人员又把一只旧猴子拿出来,换进去另外一只新猴子B。猴子B看到香蕉也是迫不及待要去拿。当然,一如刚才所发生的情形,其他四只猴子痛扁了猴子B一顿。特别的是,猴子A打得特别用力。猴子B试了几次总是被打得很惨,只好作罢。后来慢慢地所有旧猴子一只一只都换成了新猴子,大家都不敢去动那串香蕉,但是它们都不知道为什么,只知道去拿香蕉会被其他猴子痛扁。

我们假设某公司财务部高薪挖来了一位年轻的海归财务精英A君,他雄心勃勃地想大力改造现有的预算体系、内控体系、资金管理体系，革除积弊，大幅释放财务的管理势能。于是原有跟不上节奏的财务部元老，以及在既有规则下浑水摸鱼的业务部门、职能部门，开始心照不宣地与其对抗、博弈，不出半年，心灰意冷的 A 君大概率会选择离开，而且其以后的行事风格不可避免地会"内敛""稳重"起来。

那些长期置身于以缺点数为关键绩效指标的财务生态环境之中的外向性格者，不可避免地会像体表颜色过于鲜艳的食草动物一样，迅速消失于食物链底端，只有那些善于将体表颜色与周围环境混为一体的财务"小白"，才可能熬成社会达尔文主义下的职场赢家。所以，"国内财务人大多是内向者"实际上是职场进化的结果，而不是原因。

当然，在相当多的情境下，内向的财务舵手之于公司很可能是一个不坏的选择。从心理学角度来看，"先利后弊"分析信息的外向者会把注意力聚焦于信息中的利，而忽视其弊；"先弊后利"分析信息的内向者会把注意力聚焦于信息中的弊，而忽视其利。曾经是华尔街律师的苏珊·凯恩成为 TED 上火爆的心理学演讲人，她撰写了一本颠覆大众认知的心理学专著——《内向性格的竞争力》(被誉为 TED 最受欢迎的心理作品)，其中尖锐地指出，在目前的商界，"人们对其他人的尊重，不是基于他们的创造力和洞察力，而是源于他们的语言表达能力……这是一个以其他标准而非功绩来衡量的精英主义"。苏珊·凯恩毫不吝惜笔墨来表达对内向者的赞美,在她看来,内向者的敏感,不仅使他们对可怕的事物保持警觉,也对平常不可怕的事物保持警觉。

所以,别再纠结财务人的内向性格了,挺好的,老板能知人善任、用好就行了。

真相 56 商誉这道送命题,看巴菲特是怎么解的

最近两三年来,国内上市公司并购商誉减值的风暴,席卷了整个 A 股市场,其震动之大,一度有某种系统性崩溃的可能,以至于市场要求组织专家修改商誉减值的作业规则。

仅从上市公司 2018 年年报的整体情况来看,2018 年 871 家上市公司共计提商誉减值金额 1658.6 亿元,是 A 股商誉减值史上金额最高的年份,是 2017 年的 4.5 倍、2016 年的 14.5 倍。坦率地说,这个时间点也没什么特殊的,无外乎 2015 年年中牛市高潮时期"市值管理"的后遗症集中爆发了而已,三年下来,该犯病了。

但是,令整个 A 股闻之色变的商誉,真的那么不堪吗?

我们不妨从巴菲特在 20 世纪 80 年代写给股东的信中,寻找一个完全不同的视角和答案。巴菲特在这个时期的几封信中重

点讨论了商誉问题,这是其在当时美国杠杆收购潮勃发的大背景下做出的反应。众所周知,巴菲特一向不喜欢追逐资本市场的热点。那段时间的美国杠杆收购潮在促成很多大公司重组的同时,也催生了垃圾债泡沫和随后的违约潮以及1800多家储贷机构的倒闭。

巴菲特高明地将商誉分为"会计商誉"和"经济商誉",而后者可以轻而易举地与我们通用的经济学常识以及应用场景建立一致性认知。

巴菲特曾在1983年致股东的信中通过对会计商誉和经济商誉的深入阐述,无情地嘲笑了会计商誉这个非常荒谬而可笑的存在:"如果过于兴奋的管理人员以荒谬的价格收购了一家企业,我们就能注意到前面描绘的相同的会计细节。因为这种荒谬的价格去不了别处,所以最终只能反映在商誉账户中。考虑到创建这个账户的管理纪律之匮乏,因此在这种条件下,这个账户最好标成'no-will'(对应商誉的英文goodwill)。无论用什么名词,40年的惯例有目共睹,而且大大资本化的肾上腺素仍然作为一项'资产'留在账簿中,就好像收购很明智一样。"

但真正能给企业带来长期价值增长的经济商誉,却是巴菲特孜孜以求的资本市场上的明珠:"如果我们能够希望公司在有形资产净值的基础上以大大超过市场的回报率产生利润,那么在逻辑上这些公司比其有形资产净值值钱得多。这种超额回报的资本化价值就是经济商誉。"

从这个视角而言，巴菲特所指的经济商誉和我曾经谈过的"商誉就是大侠的拉风程度"，大体上是一个意思。

从会计商誉和经济商誉二者结合的角度来看，我觉得不妨将A股上市公司一半的会计商誉直接做减值处理，或许更符合估值逻辑（如果在期初就这样做，2018年以来整个市场就不会面临如此巨大的危机了）。

大量的市场实证研究表明，在过去数十年间，完全失败的并购或没有任何效果的并购占所有并购活动的比例高达42%～56%。麦肯锡曾以1986年的财务资料为分析依据，研究了1972～1983年英美两国大型工业企业进行的116场并购活动，结果显示只有23%是成功的，失败率高达61%，另有16%收益不明显。

对于合格的投资者和公司决策者而言，摆脱会计迷思是一项必备的基本功。巴菲特和芒格无数次引用凯恩斯的这句名言来自省："我宁愿模糊的正确，也不愿精确的错误。"在每年写给投资人的信中，巴菲特都要无情而刻薄地嘲笑GAAP，更是对大家千叮咛万嘱咐："经理们和所有者们要记住，会计仅仅有助于业务思考，而永远不能取代业务思考。"

真相 57　从梅西的食谱看绩效管理

陆游有句很出名的诗——"工夫在诗外",同样,我们在研究和观察财务问题的时候,不妨也把视角放到更广阔的生活中去。

比如,足球。

2014年的西甲联赛中,出人意料的是,马德里竞技队(以下简称"马竞")打破了皇马与巴萨的"二人转",一举夺得冠军。曾经顶着"宇宙队"名号的巴萨,不得不苦涩地反思这个失败的赛季。有趣的是,随着反思的深入,连巴萨头号球星梅西的食谱问题也被挖了出来。

当地的《每日体育报》指出,在巴萨前主帅瓜迪奥拉执教时期,他为梅西制定了严格的饮食规范,比如多吃鱼肉,少吃牛肉,这让梅西的身体强壮,不易受伤;但马蒂诺到来后,梅西又吃上自己喜欢的牛肉了,结果这一赛季梅西不仅受了一次重伤,而且场上表现也不如往昔。另据《世界体育报》报道,已退休的梅西前任理疗师兼营养师席尔维亚透露,体重骤减2公斤是梅西状态下滑和反复受伤的重要原因,另一名梅西前任营养师马丁也支持这一观点。席尔维亚指出,每名运动员的身体机能和结构各不相同,需要保持在最合理的体重才能发挥出最佳水准,过重或过轻都不是好事。

第 5 章 那些脑洞大开的财务暗黑空间

熟悉足球的读者都知道,西甲联赛向来以运动员的鲜明个性和球队的激情似火著称。然而,其中最讲求浪漫气质与创造力的巴萨,恰恰是最有个性的瓜帅,针对每个球员都有严格而细致的规定,梅西也不例外。随着瓜帅的离去,食谱的改变竟然成了梅西竞技状态下滑的重要诱因。

在马竞夺冠的新闻发布会上,记者问主教练西蒙尼:"你认为马竞成功的秘诀是什么?"西蒙尼说:"我的这支球队没有成功秘诀,就三点——刻苦,刻苦,还是刻苦,仅此而已。"在媒体眼中,马竞是一支团结到让人害怕的球队。西蒙尼是这个团队的老大,他的引援和用人有一条重要标准:寻找那些勇敢、无畏的球员。《马卡报》用 9 个词总结马竞:决心、力量、胆识、汗水、努力、刻苦、团结、果断、技能。也有媒体这样总结:"马竞夺冠,是纯粹足球的胜利。西蒙尼和他的球员告诉我们,这项运动的真谛不是金钱和天赋,而是团队和决心。"

一切伟大的胜利都是计划的胜利,也是执行的胜利。从诺曼底登陆到阿波罗登月,莫不如此。

这个趣闻对 CFO 来说,是与业务部门讨论绩效管理时的绝佳沟通素材。创造力、不确定性、意外事件、运气问题等,向来是经营分析会议上唇枪舌剑的焦点。然而,我更关心的是,在不尽如人意的绩效表现背后,CFO 能否找到那份不经意间被篡改的梅西食谱？同时，在面对经济低迷、市场不振、资金紧张的环境时，CFO 如何把团队和决心这两个马竞夺冠的法宝注入精益财务的转型中，从而带动公司绩效持续增长？

有时候，长期的专业训练使财务人过多关注财务的工具理性，却忽视了团队精神在推动一家公司走向更高绩效时的驱动力。

真相 58　时间分配决定了财务的段位

在过去 15 年的 CFO 访谈生涯中，我发现有很多优秀的 CFO 阅读了大量的经管类经典著作来提升自己，而且他们在阅读的过程中也获得了许多有质量的启发。

跨国巨头伊顿公司亚太区前 CFO 金岩，曾经和我分享过他最喜爱的几本经管类经典著作，其中有号称世界头号经理人的 GE 前 CEO 杰克·韦尔奇的《杰克·韦尔奇自传》和后来出版的《赢》，这是他捧卷重读次数最多的两本，"在财务人一路走来的专业学习过程中，领导力方面的软知识往往是我们最缺乏的，每一次重读杰克·韦尔奇都会让我受益匪浅"。

《赢》也是我个人除了德鲁克的《旁观者》之外重读次数较多的经管类著作之一。我第一次读这本书是在 2002 年，当时我

第 5 章　那些脑洞大开的财务暗黑空间

还在《IT经理世界》担任研究部主任。令我印象最深的一个细节是杰克·韦尔奇的时间表，他一周大概80%的时间都和合作伙伴、客户、投资者等外部利益相关者在一起。我曾经据此策划了一个研究性的选题——收集国内最大的几家IT企业CEO的日程表，进行对比研究。以我们当时的观察来看，这些CEO把大部分时间花在了公司内部。最终这个选题因无法拿到足够多的日程表而遗憾地被束之高阁。

实际上，时间分配一直是经济学界研究中的热门话题，历年的诺贝尔经济学奖获得者中，至少有三人是因为研究时间分配，或者说用时间分配的研究方法，去研究经济学问题而获奖的。著名的帕金森法则也指出："你有多少时间完成工作，工作就会自动变成需要那么多时间。"但是对于CFO来说，合理分配时间并不是一件特别简单的事情。

美国当代著名管理学思想家、教育家、组织健康学的创始人伊查克·爱迪思（Ichak Adizes）在其《企业生命周期》一书中指出，企业的生命周期要经历成长阶段和老化阶段。成长阶段包括孕育期、婴儿期、学步期、青春期与盛年期，老化阶段包括稳定期、贵族期、官僚前期、官僚期和死亡期。正如爱迪思说的那样："企业年轻时充满了灵活性，但控制力不一定很强；企业老化时，关系变了，可控性增加了，但灵活性减少了"。

对于企业而言，它也要经历初创期、成长期、成熟期、扩张期以及衰退期——当然，衰退期的企业更愿意用转型期来表述。对于其中的灵活性和控制性的博弈，财务角色居间少不了辗转腾挪。一方面是公司的生命周期，另一方面是CFO的角色重心，两者之间的配合，更像一场精彩的双人四步舞。因此，我曾经在五年前从"时间分配"的视角来观照财务管理者的业务重心，进而找出"夯实基础、能效提升、价值联动、再造优势"这四个节拍，作为上述双人舞的经典舞步，也算是弥补了当年未能在《IT经理世界》做CEO时间分配研究的遗憾。

创业型企业的CFO，所处的业务环境大体上具有业务相对单一、业务运营智能化程度较低、管理颗粒度较粗、财务与信息化部门较弱等特点，这使CFO无论是在运用会计技术还是信息技术上，均强调以满足现有单一业务发展的流程管理为主。因此，夯实基础是这个阶段最重要的财务命题，"跟得上"业务的脚步往往也是老板此时对财务团队最大的要求。

当公司进入成长快车道之后，财务管理的重心自然而然地向"关注业务增长的效率和质量"转移，业务规模、组织规模的快速膨胀增大了管理的难度。此时，公司管理层往往把"管得住"设定为财务体系绩效指标的轴心，用于"能效提升"的时间比重显著上升。

第5章 那些脑洞大开的财务暗黑空间

在经历多年的高速成长期之后，公司往往在原有的主业框架内迎来了成熟期。此时，既有业务的内生动力趋于平缓，寻求外延式增长的各种资本运作需求应运而生。"内优外联"是这一时期CFO的工作重点，"管得好"是董事会给予财务体系最妥帖的评价。此外，之所以要强调"价值联动"，是因为在寻求资本运作的过程中，多方联动共赢始终是主基调，靠单打独斗是肯定不行的。

当然，"人无千日好，花无百日红"是人与自然这个客观世界运行的规律。公司在生命周期的尾部，必然面临着操作复杂性空前、行动风险性激增的转型期。只有少数佼佼者能跳出原有生命周期的桎梏，寻找到"第二曲线"，重新开始一轮高速增长。在"再造优势"的过程中，CFO始终扮演着老板身边"定海神针"的角色，一句简简单单的"玩得溜"，是这一阶段投资人和管理层给予CFO发自内心的赞誉。

真相59 为什么节税不参照创利标准进行奖励

显然，这是一个令无数财务人无比郁闷又万般困惑的话题，但迄今为止没有人给出过令人信服的解释。简单地将其归因于"老板太抠"，又很难解释同一个老板在其他场景下对其他条线员工的慷慨重奖。其实，这里面不仅有着对财务的理性理解，同样也包含心理学效应。这种看似贡献值相等但奖励值迥异的现象，也再次强化了我们一直反复强调的一个简单而又朴素的财务真相——1块钱不等于1块钱。什么意思呢？就是说在报表上以货币形式存在的每一块钱，会计是用无差别的目光来审视的，但在真实的企业运营中，来源不同的现金，其背后的含义千差万别。资本市场对公司（无论上市与否）不同业务来源的收入给予的估值有云泥之别。比如，几年前机构投资者观察苏宁云商或者国美电器的财务报表，一直高度关注其电商业务的营收规模和盈利能力的变化，哪怕只形成了少部分盈利，对于这两家营收千亿级的公司来说，所带来的估值提升也是显著的。因为它很可能是O2O转型成功的信号。

从这个角度而言，看似创造同等利润的节税和创利，其带来的业务变化和公司估值变化有着明显的差异，节税往往不具备持续性，基本上对业务改善没有什么本质的影响，也不具备估值上的想象空间，因此老板用不同的眼光看待两者的确存在一定程度的合理性。这一点上财务人要服气。

接下来我们要讨论的就不是合理性了，而是"合情性"。

我们再看看2017年诺贝尔经济学奖获得者塞勒提出的堪称石破天惊的"心理账户"理论，这一理论无情地揭示了人类存在着有限理性的心理误区。

从经济学的角度而言，1000块钱的工资和1000块钱的彩票奖金并无任何区别，但是由于存在心理账户，个体在做消费决策时做出了不同的选择。从经济学角度而言，特别是从理性人角度而言，一个人或家庭可运用的是总体支出，但个体在做决定的时候，却为每一项都单独设类。如对于工资，一个消费者可能会精打细算其用途，但是会大手大脚花掉中奖等意外之财，这其中的价值本质是一样的。

我们不妨将这一理论运用到节税与创利的心理情境中。对于老板来说，节税行为发生于存量资金的心理账户，创利行为则发生于增量资金的心理账户。在老板眼中，前者"本来就是我的钱"，最多是失而复得；后者则"不一定是谁的钱"，绝对称得上花得硬气的"抢来的钱"。因此，对于上述两种不同心理账户的钱，老板做出完全不同的奖励决策，正是有限理性困境下的自然反应。

真相60　沙钢或许发现了成功率最高的二代接班模式

一提到改革开放40年，你能想到什么？全球工厂、GDP总量全球第二、摩天大楼总数全球第一……但你可能没有意识到，这个数字也意味着初代创业者如今已普遍进入职业生涯的尾声，二代接班会在接下来的10年里达到高潮。

但二代接班的成功率很低，也许是仅次于初代创业失败率的最令人沮丧的商业统计数字。

在一项基于近20年来中国香港地区和台湾地区、新加坡200宗家族企业继承案例的研究中，香港中文大学教授范博宏指出，家族企业在继承过程中面临巨大的财富损失，在继承年度（新旧董事长交接完成的一年，通常此交接伴随控制股权交接）及此前5年、此后3年的累计股票超额收益率平均高达-60%，即股东于企业继承前5年每份价值100元的股权，在继承完成时只剩下40元。

尽管大陆缺乏相关的数据佐证，但坊间"雏凤清于老凤声"的案例寥寥无几。原因主要有三个：第一，很多二代接班的时间尚短，没有碰到足以证明自己的历史性机遇；第二，大陆市场化转型基本完成，大多数行业已经回归平均利润率的常态；第三，在二代交接模式上，还缺乏一定的"技术性"保障措施。

我在2010年初夏时节，曾赴张家港专访过沙钢集团，在研究其财务管理案例的同时，意外发现了一个极为有趣的二代接班范例。

第5章 那些脑洞大开的财务暗黑空间

2010年是沙钢建厂35周年,董事长沈文荣自1983年执掌沙钢以来,领导团队一直极其稳定。其中,沙钢在财务管理顶层设计方面的建树,恐怕在相当程度上为外人所忽视。在沙钢内部享有盛誉的首任财务负责人吴良已经故去数年,第二代财务负责人葛向前是1986年加入沙钢的,是沙钢的第一任总会计师,彼时已经67岁高龄,也正在逐渐淡出一线的财务管理。但深受沈文荣信任的葛向前还有一个罕有人知的隐秘任务——辅佐和培养时任沙钢有限公司董事长兼CFO的沈彬。

沉稳内敛的沈彬正是沈文荣的长子,在沙钢内部号称"小沈总"。沙钢有限公司是当时沙钢集团内营收占比80%的核心企业,可以说"得沙钢有限者得沙钢天下"。我在那一时刻很好奇,很多二代留学海外都是学工商管理或者市场营销,而沈彬则是不折不扣的会计科班出身。沈彬当时对我的这个问题只是笑言一句"学会计好找工作",将这个话题调侃过去。但彼时年仅31岁的沈彬不仅是会计科班出身,而且曾远赴英国学习经济学和资本市场,并独自在会计师事务所和投资银行中打拼数年。在明眼人看来,对财务和资本的高度敏感,是"小沈总"未来接掌沙钢集团时最富想象力的地方。

我们在看早期香港黑帮片的时候,经常会看到这样的情节:一个黑帮老大意外去世引发继承人的争斗,其中众望所归的继承人在位高权重的"亚叔"的帮助下,最终夺回帮会的继承权,引领帮会走上正途。在民企接班的过程中,这个"亚叔"式"顾命大臣"最佳的人选,很可能就是陪伴创始人度过无数惊涛骇浪的CFO老臣。此外,CFO的中心视角是股东利益最大化,他们并不"着相"于具体业务,因此可以给二代接班人提出最理性也最冷静的中肯建议。

真相61　创业者只有一发子弹

作为全球现象级的创业教父,乔布斯留下了众多脍炙人口的创业金句,"创业者只有一发子弹"是其中罕有人知的一句。

在重返苹果取得巨大成功之后,乔布斯曾经有一次作为客座评委出席一个硅谷的创投项目评审现场。一家公司的创业者雄心勃勃地介绍自己的产品和市场前景,这位创业者表示,虽然目前产品还有很多不完善的地方,但当前最紧迫的是尽快将产品推向市场。乔布斯听到这里打断了这位创业者,说:"既然你知道你的产品还有很多不完善的地方,那你就应该全力以赴改进你的产品,而不是急于一下子全部推向市场,要知道创业者只有一发子弹,市场根本不会给一个籍籍无名的小公司第二次机会。"

这句话潜藏着高明的财务哲学。我们都知道创业者通常是资源严重不足的,在乔布斯看来,在一个信息充分流动的有效市场里,贸然将不完善的产品和服务大规模推向市场,无异于提前宣布创业的失败。事实上,激情澎湃的乔布斯也是严格遵循这一冷酷的财务哲学的。

2000年,当乔布斯决定将苹果业务拓展到线下零售时,他发现苹果并不具备对线下零售的充分认知。乔布斯高明地邀请到了当时零售做得非常好的人——GAP时任CEO米奇·德雷克斯勒(Mickey Drexler)加入苹果董事会。米奇·德雷克斯勒被誉为"零售之王",在20世纪90年代他成功把GAP做成美国家喻户晓的品牌,有着"零售业乔布斯"的美誉。米奇·德雷克斯勒把GAP的购物体验做成了像在家里试衣服,并且自上而下垂直管理下面的分店,这和现在的苹果体验店非常相似。在《史蒂夫·乔布斯传》中,作者沃尔特·艾萨克森(Walter Isaacson)明确提及,德雷克斯勒是世界上少有的在设计感、想象力和用户感知上能与乔布斯匹敌的人。德雷克斯勒告诉乔布斯做好零售网络的秘诀:不要一上来就开十几家零售店,而是先开一家,然后不断地重新设计装修这家店,直到大众都喜欢,然后再开始连锁开店。这个高明的策略正中乔布斯的下怀,当第一家苹果店建完时,乔布斯回忆说:"啊,那简直糟透了。"但是苹果很快就重新设计了店铺,直到取得了不错的反响,之后,苹果又尝试在洛杉矶开了一家零售店。在再次成功后，苹果才决定大范围在全美乃至全球开设零售店。

和乔布斯这句"创业者只有一发子弹"截然相反的，是最近几年来所谓"互联网思维"种种著名"毒鸡汤"中的"先开枪后瞄准"。从财务的视角来看，"先开枪后瞄准"是建立在两个脆弱的假设之上的战略：其一，子弹永远充足；其二，你未能击中有效目标的那些枪没有引起竞争对手的强力反击，或者没有引来强大的外部竞争者。

在 2019 年年底轰然倒下的暴风影音，就是"先开枪后瞄准"的典型反面案例。暴风影音上市后试图在视频、音乐、游戏这三个领域发力，然而这三个领域均由强大的巨头牢牢把持，即便是当时综合实力胜过暴风集团的乐视，在其最强大的时刻也未能成功扳倒这些巨头。此外，"先开枪后瞄准"这种行事风格，极大地改变了暴风影音原有的企业文化。

在拆分 VIE 架构、回归 A 股的决策做出之后，暴风集团不可避免地要接受 A 股"三年盈利"的要求，这对于其所处的视频播放平台领域来说，近乎一个不可能完成的任务，削减版权投入等一系列"节衣缩食"的行动，让暴风集团从行业一线地位逐级滑落，但其盈利能力的确因祸得福，有了很大的提升。

结果，IPO 成功、股价暴涨，所有曾经吃过的苦都爆发在"先开枪后瞄准"的新路途上。原本圈内有名的老实人冯鑫凭借52亿元收购英国体育版权公司MPS,唱出了人生中第一个"High C",结果不出意外地"破功"了。

说来说去,精打细算是任何一家志在长远的公司都必须具备的基本运营素质,所以别动不动就看不上那些和老板斤斤计较的CFO。

真相62 从哪三个节气可以判断出一家公司春天的到来

有道是早春时节乍暖还寒。通常只有进入仲春时节,人们在生活中才能感受到春天的到来。贯穿仲春时节的惊蛰、春分和清明三个节气,同样也可以作为一家公司进入春天的标志,当然,这里所说的春天就是企业生命周期中的上升期。

1. 业务惊蛰

据《月令七十二候集解》,"二月节……万物出乎震,震为雷,故曰惊蛰,是蛰虫惊而出走矣"。"蛰伏"这个词大家都知道什么意思,所谓"蛰"就是指昆虫入冬藏伏土中不饮不食的状态。

在一家公司进入上升期之前,其业务运行的状态往往也是处于蛰伏期，销售团队士气低迷，市场拓展无比艰难。这时候"万物出乎震"的这个"震"，就是打破蛰伏期的关键所在，而"震"的表现形式，又因不同的公司和不同的运营状态而迥异。有时候，"震"就是一张足以改变公司命运的超级大订单；有时候，"震"又变身为一个具备明显业务放大能力的销售渠道；有时候，"震"来自一场振奋销售团队的新财年业务启动大会；有时候，"震"随着一个产业资源丰富的战略投资者姗姗登场……

业务惊蛰的确认标志，应该是营业收入出现了快速上升的强劲势头，且具备连续性、持续性和不因人而异等特征。从运营的角度看，就是整个市场处于被全面激活的状态。

2. 战略春分

汉代大儒董仲舒的《春秋繁露·阴阳出入上下》中写道："仲春之月，阳在正东，阴在正西，谓之春分。春分者，阴阳相半也，故昼夜均而寒暑平。"

通常公司战略的设定要同时考虑机遇与风险这一对阴阳矛盾的平衡。基于对国内新创业公司 3 年内存活率仅为 5% 这个数据的认知，机遇与风险的概率对比起码要达到一半对一半，很多保守的老牌投资人才愿意去判断一家公司是否具备乘势而上迅速做强做大的可能。到达战略春分点的常见指标，就是当月的主营业务活动现金流向上打破了盈亏平衡点，当然像共享单车的押金这种类似债权融资的现金流指标，显然不能作为战略春分点的研判标志。

过了春分，日照时间一天长过一天，主营业务活动现金流日益强壮，随之而来的就是实打实的利润开始拾级而上。

3. 财务清明

这里所说的清明是二十四节气中的一个节气，而非人文习俗中的清明节。据《历书》所载，"春分后十五日，斗指丁，为清明，时万物皆洁齐而清明，盖时当气清景明，万物皆显，因此得名"。

我经常说，财务是业务的全息投影。用"气清景明，万物皆显"这八个字来形容财务之于业务的全息投影状态，实在是太贴切了。所谓"气清"就是核算财务体系运转的节奏明快，整体财务作业规范度较高，而"景明"则是业务财务体系对日常运营日拱一卒的常规改善，接下来战略财务体系对公司整体价值链的支撑能做到有条不紊、"万物皆显"。

对于能做到如上的业务惊蛰、战略春分和财务清明的公司，你要做的唯一一件事就是赶紧投资它，无论是用货币资本还是用你的人力资本，之后就像《舌尖上的中国》里那句著名台词所说的——"剩下来的交给时间"。

真相63　残酷的"马纬度"里"保马"还是"保船"

　　商业不可能总是一帆风顺，但我们很少能从国内的CFO那里听到如何面对失败的经验，毕竟这一行当"不如意事常八九，可与人言无二三"。

　　但是，正所谓战略就是取舍，而CFO的"平衡"技能包往往就是老板在做出取舍前的那三枚卜课铜钱。因此，遇上不如意的事，如何应对也是一个相当高级的财务门道。

　　先说个远一点儿的取舍故事。在15世纪地理大发现之后，水手们最恐惧的是副热带无风带（指的是两个位于南北纬30°附近的高压无风带），因为这两个地区时常无风，使得当时的船只无法依靠风力航行通过这里。在北半球地区（特别是百慕大群岛附近），运马船从西班牙到新大陆的途中，经常会因为无风而无法航行。当船上储水量不足时，船员首先就会限定马的供水量。大量马匹在因缺水而死亡后被扔到海中，因此探险者和水手都将这一无风带叫作"铺满了马尸的地方"，并将这一纬度命名为"马纬度"。当然，最终成功对抗"无风带"的是全新的机帆船，自此"马纬度"一词迅速成为历史。

第5章 那些脑洞大开的财务暗黑空间

如果我们将水理解为现金流，再将"马纬度"这个案例的场景置换到现代商业之中，就会看清楚在遭遇生存危机时，排在第一位的动作是消灭现金流黑洞，而且要从最大的黑洞开始。

我们再来看一个国内企业应对生存危机的案例。2019年8月22日，蔚来创始人李斌发表内部信，确认因为行业和公司形势发生重大变化，为进一步控制支出，提升运营效率，蔚来将在9月再裁员1200人。蔚来还表示："这次裁员主要集中在人力资源、法务、财务等运营支持性部门，对研发和用户服务等战略核心部门影响很小。"

乍看起来，蔚来第一步的应对似乎是对的。但财务真相恐怕远非如此。从2020年3月18日发布的财报来看，蔚来最大的成本支出主要是两块：一块是销售成本，另一块是研发费用。其中值得注意的是，2019年前三个季度蔚来的销售成本一直在20亿元左右，但是到了第四季度，突然增加到31.02亿元，环比增长了约50%。换言之，蔚来在面对"保马"还是"保船"的时候，仍然倾向于"保马"来殊死一搏。

用现金流最大黑洞来定义蔚来的销售成本绝不为过。为了打造蔚来高端品牌的既视感，其在全国的门店布局上，一出手就是覆盖长三角、珠三角、北京、西安及成都这些核心区域或城市，而且集中于核心商区，单店运营成本远高于一般豪华品牌的4S店。

同时，为了营造更好的用户体验，蔚来为消费者提供了多样化的服务，覆盖到店、试驾、交付、检修等各个阶段。其中，个人专属导购、到家交车、代充电、换电等服务，都是国内汽车产品市场的首次尝试，运维人员也带来了巨大的雇用成本。根据蔚来2019年财报的数字推算，平均每辆车的销售成本高达43.4万元。

从这个意义上来说，裁掉1200个运营支持岗对于缓解蔚来的现金流危机来说，几乎不起任何作用，尽快降低单车销售成本已经成为当务之急。

甚至可以说，"销售及综合管理费用"这个KPI，是当下蔚来报表中除了现金流之外最重要的一个科目。所幸在经历了一波高达22倍的股价上涨的疯狂浪潮之后，蔚来于美东时间2020年11月17日发布的第三季度财报，显示出了真正的转机。蔚来在2020财年第三季度总营业收入达45.26亿元，其中汽车销售42.668亿元，同比增长146.1%，环比增长22.4%。我们最关注的"销售及综合管理费用"这一科目为9.4亿元，这意味着平均每辆车的销售及管理费用下降至7.7万元，同比下降68.2%，环比下降15.0%。对于投资人来说，蔚来股价的持续走高和"销售及综合管理费用"的持续走低，是两个高度正相关的同步趋势。

根据德鲁克的研究，在下面三种情形下，企业都应当果断采取退出措施。

（1）第一种情形：如果一个产品、服务、市场或流程"还有几年好日子"可过，那么就应该选择放弃。因为这些日暮西山的产品、服务、市场或流程，常常需要耗费最多的心力和付出最大的努力，并且牵绊着生产效率最高、最能干的人。

（2）第二种情形：如果一个产品、服务、市场或流程唯一留存的原因是在会计账目上，而没有任何其他价值的话，我们就应该将它放弃。从管理的目标角度来看，没有"不花钱的资产"，只有"沉没成本"。

（3）第三种情形，也是最重要的一种应该放弃的情形，就是为了保存而保存。其实，保留那些"行将就木"的产品、服务、市场或流程，反而使处于成长期的新产品、服务、市场或流程受到阻碍或被忽略。

其实，这么简单的账就摆在那里，只是有些人不愿意认输罢了。

真相64　为什么说好公司的财务格局都是事先设计出来的

这是一个关于运营成本设计的高级话题。

我在 2013 年 3 月去珠海专访了时任格力电器 CFO 望靖东。

当时因为篇幅所限，很多有意思的一手素材最后都成了遗珠，这篇真相谈到的就是其中一例。在采访过程中，我随口问了一下望靖东格力的售后服务怎么样，没想到，我得到了一个非常有启发的答案。

国内的家电厂商大多非常重视售后服务，最开始的时候甚至会大量组建直营的售后服务团队，这也带来了巨额的运营成本。格力在成立之初就对此进行了深入而广泛的战略成本研究，其中一个来自全球汽车业的售后服务体系顶层设计的思路启发了格力。关于如何建立售后服务体系，全球汽车业历来有两种思路：一种是建设密集的 4S 店服务网络，给予客户无微不至的服务；另一种是优先通过提升产品质量来预防大部分需要去 4S 店解决的问题，这样只需要建立用于处理重要问题的 4S 店骨干网络节点。这两种思路并无高下之分，都可以成就世界级汽车巨头。

格力长久以来引以为傲的技术底气，使其最终选择了第二种售后服务建设的思路。在最初的起步时期，格力的广告语是"格力电器创造良机"，主打的宣传基调就是空调不用维修，产品质量好。经过几年的发展，格力在第二阶段提出"好空调，格力造"，直白地喊出来——就是追求不需要服务的品质。2005 年，格力率先在业内提出"家用空调六年包修"。这个"包修"的概念可是大大区别于保修，是指在包修期间内出现任何问题全部免费换件维修。换言之，就是坏了不修，直接换新。

这个看似十分冒险的售后服务策略，叠加上强劲的技术研发动力，最终成就了格力超高的盈利能力。我把格力电器2018年财报里有关运营效率的一组关键数字摘了出来：毛利率30%，净利率13.3%，净资产收益率33%，存货周转天数47，应收账款周转天数12.28。要知道，格力所处的是早已成为红海的家电制造业，上面这组数字绝对是让大多数制造业同行脸红心跳的数字。

有趣的是，这几年美的、格力和海尔三家白色家电领军企业的财报一公布，就会引来财经媒体的追逐："为什么海尔的净利润不及格力的一半？"要知道，海尔的售后服务可是公认的比格力要好很多。当然，每家公司的先天禀赋不同，底层运营逻辑也不同，简单地以净利润论英雄，恐怕也会有失偏颇。

所以，一家卓越公司的财务格局应该是被高度预制的，它的财务报表中那些令投资者眼前一亮的关键科目，应该都是被设计出来的，或者说是被规划出来的。我采访望靖东的时候，他在格力电器已经工作了11个年头，当被问到有没有什么印象深刻的重大事件时，他的回答足够令人惊讶——"没有"。

这让我想起来另一个著名的"没有惊喜"的故事。1969年7月20日，阿姆斯特朗操纵"飞鹰"号登月舱在月球表面着陆，成为第一个登上月球并在月球上行走的人。总耗资 2000 亿美元的"阿波罗 11 号"登月项目，在 NASA 内部被公认是一次杰出的"计划的胜利"，没有人认为它是个意外的成功。

相比于意外的好结果而言，优秀的财务人更喜欢好的计划，以及意料之中的、水到渠成的结果。

真相 65　没有应收账款的公司什么样

在前面的真相里，我们已经讨论过沙钢集团的二代接班模式。由于沙钢财务体系案例的细节非常丰富，因此我们有必要再专门聊一聊沙钢的资金管理。

如果不是对国内钢铁行业有所了解的读者，恐怕不一定能想到，沙钢长期以来一直牢牢占据着这个领域盈利前两名的位置，在大多数情况下是亚军。当看到冠军的名字——宝武钢铁（之前是宝钢集团），你就知道沙钢这个亚军的含金量有多高了。这几乎相当于以半个国资系钢铁的力量，才勉强力压偏居张家港这个江苏省内县级市的民企一头。

沙钢的盈利能力强，恐怕有一半的原因是其将地理优势发挥到了极致。

全力辅佐沈彬的"亚叔"葛向前曾经很得意地向我描述了沙

钢的地理优势,"沙钢的区位优势非常明显,位于经济发达的长三角,对于物流量非常大的钢铁企业来说,这非常重要。众所周知,世界上多数钢铁企业都临海、临江或临河"。

据统计,钢铁行业物流的总量是产能的 4.2～4.5 倍。物流成本是钢企成本的重要部分。业内人士曾表示,在钢铁行业竞争最残酷的那些年,沙钢全年的利润基本上都是从物流成本中省下来的。

早在 20 世纪 90 年代中期,沙钢就尝到了水路运输物流成本低的甜头,为拓展市场范围,沙钢确立"稳固华东,辐射华南,面向全国,接轨国际"的市场定位,充分发挥临海滨江的地理优势,制定了"沿河、沿江、沿海"的"三沿"市场布局战略,从而在战略上进一步发挥物流成本优势。在这个战略之下,沙钢在成立之初就把产品的销售半径定义为不超过 300 公里。沙钢的年收入高达 2000 亿元,它竟然把主要销售地区聚焦在华东,这摆明了是要用自己超低的运输成本,强行收割整个长三角地区的钢铁市场(尤其是粗钢市场)。

沙钢敢于这么做的底气就来自张家港这个看似很小的"根据地"。水路运输一直是沙钢原辅材料和产成品运输的生命线。沙钢在张家港拥有一条天然的优良深水港,在 2010 年我去采访的时候,沙钢的张家港"根据地"已拥有 25 个码头泊位,其中万吨级泊位15个，年吞吐量达8000万吨，承载沙钢原辅材料的安全供应和成品、废料的安全疏港。

此外，沙钢在财务上的先天禀赋极高，甚至很可能是改革开放以来，初代民营企业家中财务管理天赋最高的那一个。这个天赋具体体现在两个方面。

其一是管理精细到近乎残酷的地步。

按照葛向前10年前的描述，"沙钢的管理精细化很到位，共有2308条管理细则。细则对每一项工作都有明确的规定，包括产品的销售、原材料的采购、产品的质量、安全管理等。另外，沙钢'定岗、定责、定编、定人、定酬'的'五定'管理也卓有成效，在沙钢产能增加的情况下，人员基本上没有增加"，优良的财务管理体系不可能凭空存在，没有一个讲求精细化管理的整体运营环境，单纯的财务精细化只能是空中楼阁。

其二是决绝到完全不能通融的应收账款管理制度。

我在沙钢采访的时候听到过一个有趣的真实段子。20世纪90年代初期，时任国务院副总理朱镕基亲自挂帅清理整顿愈演愈烈的"三角债"问题。当时江苏省计经委负责统计省内大型企业的应收账款情况，而沙钢在表格上填写的应收账款是0。计经委的工作人员收到表格后非常生气，认为是企业不负责任，敷衍了事，直接打电话来质问此事。沙钢具体负责经办的工作人员则非常委屈，说："我们的应收账款就是0，没有不重视乱填。"电话那一头更生气了，计经委决定派工作组来张家港核实情况。工作组进现场一核实，大惊失色，的确是0，赶紧把沙钢作为应收账款管理的先进典型报了上去，结果同样挨了一顿批："怎么可能！这么大的企业，没有应收账款的还从来没见过一家！你们的工作太不认真了！"同样的流程再来一遍——工作人员进现场核实，确认，震惊。

沙钢创始人沈文荣在沙钢创立第一天就定下了"款到发货"的制度，宁可没有生意做，也要"款到发货"，爱买不买。

有这样的先天禀赋和这样的风控制度，在沙钢做财务其实是挺舒心的一份工作。

真相66　透视芒格的最新忠告：每家公司都是能力有限公司

巴菲特的传奇搭档查理·芒格在2019年情人节这天出席了《每日期刊》（*Daily Journal*）的年会。在两个小时的会议中，95岁高龄的芒格仍然保持着直率而睿智的谈话风格，回答了很多提问。此后各大社交媒体流传较广的是来自雪球谢宇衡的关于8个问题的精彩摘录版本。其中对两个问题的回答极富芒格式智慧，同时也足以引起当下国内企业家与高管强烈的共鸣。

1. 关于能力圈

我投资成功的秘诀之一是，从不假装我知道所有事情（绝不愚弄自己）。在我的分类体系中，我总是把自己无法理解的事情归纳到"太难"这个类别。我会不定期把问题堆在这个类别里，而当解决问题的方案出现时，我就会把它从"太难"的类别里挪出来。如果你不清楚自己的能力圈在哪儿，这只能说明你已经站在能力圈外了。

2. 为什么不看好马斯克

在选择投资对象的管理层时，我宁可选择一个智商为130但以为自己的智商是120的人，也不会选择一个智商是150却以为自己的智商是170的人。比亚迪的王传福很清楚什么是自己能做到的、什么是自己做不到的，而马斯克则认为自己无所不能。所以我更愿意选择那些有自知之明的人。

在我看来，这两个问题的答案具有极高的关联度。这也让我想起30年前在大学宿舍读王朔的小说时看到的一个段子。几个人凑在一起想公司的名字，一个人突然一拍大腿，说："我想到一个超级牛的名字,叫能力。"大家一听都非常兴奋,赶紧跑到工商所去注册,竟然还真没有重名的,结果一看到打印出来的营业执照却傻眼了——能力有限公司。

虽然王朔的这个段子纯粹是调侃,但他无意当中揭露了一个残酷的真相:每一家公司都是一家能力有限公司。在芒格看来,马斯克显然是一个投资风险更高的标的,因为他很可能没有设定自己的能力阈值,甚至连这个概念都没有。因此,芒格的意思并不是在现有状态下马斯克做的没有王传福出色,而是继续走下去的话,一旦马斯克遇到了能力阈值,他可能带来的投资损失,也会远远大于王传福这样有明确能力阈值设定的标的。

早年职场上流行《彼得原理》,这本书讲述的是在层级制组织中,任何一个人都有可能被提拔到他所不能胜任的位置。在公司运营中,同样也存在着类似的"彼得原理",这种能力边界或许存在于人员规模,或许存在于技术跃迁,也可能存在于市场壁垒,等等。近年 ofo、滴滴乃至华为等著名企业所遭遇的各种挫折,在很大程度上就是撞到了能力边界的墙上。

虽然这种能力边界的墙,并不是一直不能突破的,但肯定不是给钱就能马上突破的。像共享单车就是因为拿到了太多的钱,而运营能力并没有与之匹配,因此所造成的损失也是惊人的。很显然,如果投资人换成芒格的话,他是绝对不会给这么多钱的。

今天华为在 5G 上遭遇的挑战也是如此，由于这种挑战并不完全来自商业，因此此前将所有能力都集中在商业上的华为，在这一轮的危机应对上必然捉襟见肘，华为的当务之急是补强这种非商业的域外能力。

最后，送给大家《易经》中的经典一卦，作为本书的结语——乾卦九三："君子终日乾乾，夕惕若厉，无咎。"

会计极速入职晋级

书号	定价	书名	作者	特点
66560	49	一看就懂的会计入门书	钟小灵	非常简单的会计入门书；丰富的实际应用举例，贴心提示注意事项，大量图解，通俗易懂，一看就会
44258	49	世界上最简单的会计书	（美）穆利斯 等	被读者誉为最真材实料的易懂又有用的会计入门书
59148	49	管理会计实践	郭永清	总结调查了近1000家企业问卷，教你构建全面管理会计图景，在实务中融会贯通地去应用和实践
70444	69	手把手教你编制高质量现金流量表：从入门到精通（第2版）	徐峥	模拟实务工作真实场景，说透现金流量表的编制原理与操作的基本思路
69271	59	真账实操学成本核算（第2版）	鲁爱民 等	作者是财务总监和会计专家；基本核算要点，手把手讲解；重点账务处理，举例综合演示
57492	49	房地产税收面对面（第3版）	朱光磊 等	作者是房地产从业者，结合自身工作经验和培训学员常遇问题写成，丰富案例
69322	59	中小企业税务与会计实务（第2版）	张海涛	厘清常见经济事项的会计和税务处理，对日常工作中容易遇到重点和难点财税事项，结合案例详细阐释
62827	49	降低税负：企业涉税风险防范与节税技巧实战	马昌尧	深度分析隐藏在企业中的涉税风险，详细介绍金三环境下如何合理节税。5大经营环节，97个常见经济事项，107个实操案例，带你活学活用税收法规和政策
42845	30	财务是个真实的谎言（珍藏版）	钟文庆	被读者誉为最生动易懂的财务书；作者是沃尔沃原财务总监
64673	79	全面预算管理：案例与实务指引（第2版）	龚巧莉	权威预算专家，精心总结多年工作经验/基本理论、实用案例、执行要点，一册讲清/大量现成的制度、图形、表单等工具，即改即用
61153	65	轻松合并财务报表：原理、过程与Excel实战	宋明月	87张大型实战图表，手把手教你用EXCEL做好合并报表工作；书中表格和合并报表的编制方法可直接用于工作实务！
70990	89	合并财务报表落地实操	蔺龙文	深入讲解合并原理、逻辑和实操要点；14个全景式实操案例
54616	39	十年涨薪30倍	李燕翔	实录500强企业工作经验，透视职场江湖，分享财务技能，让涨薪、让升职，变为现实
69178	169	财务报告与分析：一种国际化视角	丁远	从财务信息使用者角度解读财务与会计，强调创业者和创新的重要作用
69738	79	我在摩根的收益预测法：用Excel高效建模和预测业务利润	（日）熊野整	来自投资银行摩根士丹利的工作经验；详细的建模、预测及分析步骤；大量的经营模拟案例
64686	69	500强企业成本核算实务	范晓东	详细的成本核算逻辑和方法，全景展示先进500强企业的成本核算做法
60448	45	左手外贸右手英语	朱子斌	22年外贸老手，实录外贸成交秘诀，提示你陷阱和套路，告诉你方法和策略，大量范本和实例
70696	69	第一次做生意	丹牛	中小创业者的实战心经；赚到钱、活下去、管好人、走对路；实现从0到亿元营收跨越
70625	69	聪明人的个人成长	（美）史蒂夫·帕弗利纳	全球上亿用户一致践行的成长七原则，护航人生中每一个重要转变

财务知识轻松学

书号	定价	书名	作者	特点
45115	39	IPO 财务透视：方法、重点和案例	叶金福	大华会计师事务所合伙人经验作品，书中最大的特点就是干货多
58925	49	从报表看舞弊：财务报表分析与风险识别	叶金福	从财务舞弊和盈余管理的角度，融合工作实务中的体会、总结和思考，提供全新的报表分析思维和方法，黄世忠、夏草、梁春、苗润生、徐珊推荐阅读
62368	79	一本书看透股权架构	李利威	126 张股权结构图，9 种可套用架构模型；挖出 38 个节税的点，避开 95 个法律的坑；蚂蚁金服、小米、华谊兄弟等 30 个真实案例
70557	89	一本书看透股权节税	李利威	零基础 50 个案例搞定股权税收
52074	39	财报粉饰面对面	夏草	夏草作品，带你识别财报风险
62606	79	财务诡计（原书第 4 版）	（美）施利特 等	畅销 25 年，告诉你如何通过财务报告发现会计造假和欺诈
58202	35	上市公司财务报表解读：从入门到精通（第 3 版）	景小勇	以万科公司财报为例，详细介绍分析财报必须了解的各项基本财务知识
67215	89	财务报表分析与股票估值（第 2 版）	郭永清	源自上海国家会计学院内部讲义，估值方法经过资本市场验证
58302	49	财务报表解读：教你快速学会分析一家公司	续芹	26 家国内外上市公司财报分析案例，17 家相关竞争对手、同行业分析，遍及教育、房地产等 20 个行业；通俗易懂，有趣有用
67559	79	500 强企业财务分析实务（第 2 版）	李燕翔	作者将其在外企工作期间积攒下的财务分析方法倾囊而授，被业界称为最实用的管理会计书
67063	89	财务报表阅读与信贷分析实务（第 2 版）	崔宏	重点介绍商业银行授信风险管理工作中如何使用和分析财务信息
58308	69	一本书看透信贷：信贷业务全流程深度剖析	何华平	作者长期从事信贷管理与风险模型开发，大量一手从业经验，结合法规、理论和实操融会贯通讲解
55845	68	内部审计工作法	谭丽丽 等	8 家知名企业内部审计部长联手分享，从思维到方法、一手经验，全面展现
62193	49	财务分析：挖掘数字背后的商业价值	吴坚	著名外企财务总监的工作日志和思考笔记；财务分析视角更重于为管理决策提供支持；提供财务管理和分析决策工具
66825	69	利润的 12 个定律	史永翔	15 个行业冠军企业，亲身分享利润创造过程；带你重新理解客户、产品和销售方式
60011	79	一本书看透 IPO	沈春晖	全面解析 A 股上市的操作和流程；大量方法、步骤和案例
65858	79	投行十讲	沈春晖	20 年的投行老兵，带你透彻了解"投行是什么"和"怎么干投行"；权威讲解注册制、新证券法对投行的影响
68421	59	商学院学不到的 66 个财务真相	田茂永	萃取 100 多位财务总监经验
68080	79	中小企业融资：案例与实务指引	吴瑕	畅销 10 年，帮助了众多企业；有效融资的思路、方略和技巧；从实务层面，帮助中小企业解决融资难、融资贵问题
68640	79	规则：用规则的确定性应对结果的不确定性	龙波	华为 21 位前高管一手经验首次集中分享；从文化到组织，从流程到战略；让不确定变得可确定
69051	79	华为财经密码	杨爱国 等	揭示华为财经管理的核心思想和商业逻辑
68916	99	企业内部控制从懂到用	冯萌 等	完备的理论框架及丰富的现实案例，展示企业实操经验教训，提出切实解决方案
70094	129	李若山谈独立董事：对外懂事，对内独立	李若山	作者获评 2010 年度上市公司优秀独立董事；9 个案例深度复盘独董工作要领；既有怎样发挥独董价值的系统思考，还有独董如何自我保护的实践经验
70738	79	财务智慧：如何理解数字的真正含义（原书第 2 版）	（美）伯曼 等	畅销 15 年，经典名著；4 个维度，带你学会用财务术语交流，对财务数据提问，将财务信息用于工作